人生は「2周目」からがおもしろい

50歳から始める〝知的向上感〟の育て方

齋藤　孝

JN230594

青春新書
INTELLIGENCE

はじめに

かつて「人生50年」と言われていた時代がありました。ただし、今は「人生100年」と言われていて、50代に入ってからの人生がじつに長い。

人生の「1周目」が50歳くらいまでだとすると、「2周目」がそこから始まります。

私自身もそうだったのですが、50代半ばくらいで体力的、精神的な衰えを痛切に感じたことがありました。体力も精神力も若い頃に比べて落ちてくる。生物学的な衰えはいかんともしがたいものがあります。

いまや多くの企業で役職定年制が採用されています。多くの企業では60歳で定年となるのが現状ですが、それを迎える前に、多くのビジネスパーソンが役職を解かれ、収入が減ってしまいます。そこで仕事の目的とモチベーションを失ってしまう人が少なくありません。

55歳前後に大きく職場環境が変わってしまう。同時に家庭でも子供が手を離れ独立したり結婚したりして、状況が変わる時期でもあります。

ビジネスパーソンだけでなく、家庭の主婦にしても自営業の人にしても、50代の半ばが一つの人生の転換期のような気がします。

仕事でも家庭でも、その他のことでも、それまで一生懸命やってきて、自分の限界や人生の楽しさといったものも含めて一通りわかってしまったような感覚が出てくるのです。

「一回りしたな」という感覚と言ったら良いかもしれません。

その時、あなたの目は果たして未来に向けて輝いているでしょうか？

「海外旅行にも、もうたくさん行ったしなぁ」

「若い頃のようにガムシャラには、ちょっと頑張れないかな……」

「一時期マラソン頑張ったけど、結局何も残らないしね……」

「気力や体力、集中力などもだんだん落ちていくんだろうな」

といった一種の諦め、ニヒリズムに陥っている人も少なくありません。

でも、「人生の2周目」は、そんなに希望が持てないものでしょうか？

結論から言いましょう。

人生は2周目からがおもしろい！

2周目こそ本番なのです。

というのは、1周目は、しっかりと仕事をしようとしてきた人ほど、ビジネス社会の論理に軸足を置いて頑張ってこられたと思います。軸足どころか両足どっぷり仕事の価値観の中で生きてきたという人も多いでしょう。自己評価はどうあれ、上司や会社、売り上げが評価を決める。この掟の中で成果を上げ、社会の中で身を立て、生活の基盤を確かなものにするのが1周目でした。

しかし50歳を過ぎると、軸足を完全に「ビジネス社会」や「他者からの評価」に置かなくてもよくなります。

というのは、出世とか昇進という面では、50代の少し手前でほぼ競争の結果が出てしまう。それは同時に、自分をがんじがらめに縛っていたビジネス社会の軛《くびき》から少しずつ自由になれる人生が始まったことを意味します。

他者からの評価一辺倒ではなく、1周目で経験を積んで養ってきた客観的な評価眼を生かして、仕事ややりたいことを見直せるようになるということです。

そうはいっても、歳を重ねるのは怖いことだと思うかもしれません。しかし、少し余談になりますが、不思議なことに、美男美女とその他大勢の人の間に大きく開いていた格差が一気に縮まるのも事実です。

学年一のモテ男も、その他の人も、あまり変わらなくなってくるのです。それどころか、昔いまひとつパッとしなかった人が年月を経て、いい感じのナイスミドルに変身している。同窓会に出席するとそのような見事な逆転劇を目にすることもあります。

こういうのも2周目の人生のアヤであり、おもしろさのひとつです。

2周目の本当の醍醐味は、若い頃に学びきれなかったものをじっくりと学び直すことができることでしょう。たとえば中学や高校で学んだ学科は、本来すべて「真善美」を身につけるためのものです。

数学や理科などの自然科学を学ぶことで森羅万象の真理を身につけ、地理や歴史、政治経済などの社会科学や国語、文学、芸術を学ぶことで善なるものや美なるものを知る。ところが若い頃の勉強は試験のためになりがちで、本来の目的である「真善美」の追究ができませんでした。

それでは学問の本来のおもしろさ、価値がわかりません。

進学や就職を目指す必要のない2周目こそ、「真善美」を追究する勉強が可能なのです。そう考えると、若い頃あんなに面倒だった勉強が、違って見えてくるのではないでしょうか？

学ぶことのおもしろさと価値を知り、そこから仕事やお金、地位、教養、人間関係、旅など、人生を「1周目」とは一味違った視点から見直す「フェアな審判力」を磨き上げ、仕事やいろいろなことに新鮮な好奇心や感動、向上感をもって挑むことができるようになる。それが「2周目」なのです。

先細りやシュリンクとは無縁の生き方ができるのです。

一番もったいないのは、2周目に入ったのにずっと1周目の価値観にとらわれ、そこから離れられないことです。そこでのシフトチェンジができないと、2周目のおもしろさはわかりません。

本書では2周目の人生の価値と楽しみ方を、いろんな視点でまとめました。

「2周目」とは、どんなおもしろさが待っている世界なのか、ご一緒に見ていきましょう。

目次

1章　心の庭に「うつの雑草」が伸びていませんか？

2章　1周目でたまった「重さ」を取り除く

3章 「身体の固さ」を取ると心が柔らかくなる

4章　毎日の「向上感」が新しいアイデンティティをつくる

5章

「お金」の考え方、使い方を整理する

6章 節度ある「雑談力」が人間関係を豊かにする

7章 好奇心、感動——2周目で初めてわかる楽しさがある

1章　心の庭に「うつの雑草」が伸びていませんか？

◆人生は「こんなもの」？

50歳を過ぎると、誰もが多かれ少なかれ人生に対して息切れを感じるようになります。家のローンが残っていたり、子供が成人、結婚となるとそれなりに出費がかさんだりします。老後の蓄えなどもこれから真剣に考えなくてはいけません。

やるべきことはたくさんあるのに、なんだか以前のようにモチベーションを持つことができない。仕事も人生も先が見えていて、心ときめくものがない。

身体も衰えてきた……。いろいろ考えるだけでも気持ちが滅入《めい》ってしまう。そんな50代の人が結構多いのではないでしょうか？

かつては人生50年と言われ、寿命は今の時代よりずっと短かった。ちょうど生物学的には子供を成人まで育て上げ、遺伝子を引き継ぐという役割が終わる年代に人生も終わっていたわけです。生物年齢と人生年齢が一致していたのですが、いまや人生80年どころか100年。人生が一回りしたところで、もう1周寿命が残っている。

人生の1周目で一通りの経験をします。そこで「人生とはこんなものだ」とか、「しょせん人間はこんなものだ」とか、いろんなものに「見切り」をつけてしまう人がいます。

恋愛もしたし、結婚もした。子供もなんとか育て上げた。職場でも課長や部長になり、部下を持つようになった。プライベートでも仕事でも一通り体験したのはいいのですが、それによってすべてが陳腐に思えてしまう。なんだか先が見え、わかったようなものになってしまうのです。

あらゆるものが「まぁ、こんなもの」と思えてしまう。そうなると、残りの人生はつまらなく、苦痛に思えてしまいます。

◆人生50年だった武士の生きざま

私は人生50年だった頃の武士の生き方というのを考えます。

見るべき程の事をば見つ。今はただ自害せん

と言葉を残して自害したのは**平知盛**です。知盛は平清盛の四男。壇ノ浦の戦いで平家は敗れますが、その時先ほどの言葉を残して入水《じゅすい》自殺したのです。

見るべきものはもう見尽くした。だから悔いはない。それは武士としても一人の人間としても潔く美しいものですが、私たちが今の時代に50年生きてきたからといって、「見るべきもの」を見たと断言できるか？　なんだか怪しい。

人生50年といわれていた時代、しかも命をかけた戦いの日々の中で生きた人生と、今の時代の私たちの人生では、やはり濃度が違います。

長州藩士であり、松下村塾で後進を育てた**吉田松陰**はわずか30歳（満29歳）で幕府に捕らえられ、反逆罪で死刑に処せられます。処刑直前に江戸の小伝馬町の牢獄の中で**『留魂録』**を書きます。その中で**「十歳には十歳の春夏秋冬がある、二十歳には二十歳の春夏秋冬がある。自分には三十歳までの春夏秋冬があったから、悔いはない」**という意味のことを書いています。

短い人生ではあったけれど四季の中でそれぞれ花を咲かせ実をつけた。どんな実かは自分では評価できないが、それを後世の人たちに託すというのです。松陰もまた人生の時々を懸命に生き抜いたからこそ、自分なりに実をつけたという実感があったのでしょう。

短い生の一瞬一瞬を完全燃焼して生きる。だからこそ彼らは限られた生の中でも多くのものを見て、多くの実りを実感できた。ところが悲しいかな現代を生きる私たちは、彼らのように命をかけた一瞬一瞬の生の燃焼からは、かなり遠い人生を生きています。

長い人生の目標やモチベーションをどう持つか？

ある意味、平知盛や吉田松陰といった武士たちのような人生の方が厳しいけれども明快でわかりやすく、生を燃焼しやすいのかもしれません。時代が変わり社会制度や医療制度など環境が整い、恵まれた環境の中で、人生が2倍に伸びた今、むしろ生き方は難しくなっています。

◆50年生きてもまだまだ知らないことだらけ

そもそも、50年生きて一通りの役割をこなしたからといって、現代の私たちはいったいどれだけの生の真実や深淵《しんえん》を知ることができているのか？　むしろよく知らないからこそ人生の本当のおもしろさ、深さがわからないのかもしれません。

イギリスの政治家で首相にもなったベンジャミン・ディズレーリの言葉に**「絶望は愚か者の答えである」**というのがあります。

絶望とまでいかずとも、もしかすると人生への安易な見切りや諦観は、物事を知ったからではなく、知らない故の愚か者の結論と言えるのかもしれない。

万有引力を発見した**アイザック・ニュートン**は、人類史上最も優れた知性の持ち主のひとりです。彼は万有引力の法則だけでなく、微分法や積分法、光のスペクトル分析など、歴史に残る業績をいずれも25歳前に残した大天才です。

彼は**「私は真理の大海の前で遊ぶ子供のようなものだ」**と言っています。人類史上に輝く業績を残した彼でさえ、まだ見えぬ真理の大海が眼前に横たわっていて、そこに足すら踏み入れていないというのです。

私たちのような凡人が普通に生きて50年たったからといって、はたして世の中のどれだけのことを知ったというのでしょうか？　私たちの目が中途半端にしか開いていないから、浜辺の世界だけが世の中のすべてだと勘違いし、それに飽きて、「世の中はこんなものだ」と見切ってしまっているのかもしれません。

本当に目を開き、しっかりと世の中を見れば、浜辺の向こうに広大な海が広がっている。とても「世の中はこんなものだ」と言い切ることなどできないはずです。

私たちはニュートンのような天才でもないし、世紀の大発見をするような才能はないかもしれません。しかし、少し目を開いて世の中を虚心坦懐に眺め、心を柔らかくしていろんなものを感じ、受け取ることができれば、世の中は飽き飽きするものでも、こんなもんだと見切ってしまうものでもないということがわかるでしょう。

◆人生の本当の楽しさや妙味は2周目から！

むしろ私は、人生の本当の妙味、楽しさは50歳を過ぎて2周目に入ってからわかるのだと思います。

職場で定年が近づき、ビジネスキャリアにおける一つの結果が出る。これは、生き方を切り替えるポイントでもあります。

出世競争、成績アップのためにひたすら身をやつすのではなく、そこから距離を置く。がむしゃらに仕事をしていた生活から、一歩引いて時間的にも精神的にも余裕を持つ。ようやく自分らしい、人間的な時間を持つ余裕ができたのです。

家庭でも、子供が手を離れると自分の役割は一つ終わりますが、その分余裕ができる。がむしゃらにひたすら頑張る必要はありません。ようやく自分の時間を持ち、自分の人生を考えることができるようになる。

誤解を恐れずに言うならば、50歳までの人生は仕事も家庭も、会社や家族のため、ある意味、他者のために頑張って生きていた時間だともいえます。家族の生活のために仕事を頑張らなければいけない部分は大きかったでしょう。仕事もまたビジネス社会の原理の中でそれにいかにマッチし評価されるか、いわば他者が作り上げたルールと基準に沿う形で頑張ってきたのです。

人生の1周目は、それらをクリアすることが一番の目的であったとすると、2周目はそこから外れて、本当の自分の人生を取り戻す時間だと言ってもいいかもしれません。

仕事も家庭も50歳は一つの人生のポイントの切り替えの時代と言えます。うまく切り替えて、考え方や生き方を変え、目線を変えることができれば、人生の2周目はおそらくとても楽しく、刺激的なものになるはずです。

すでに1周生きたことによる経験値、蓄積があるのですから、それを上手に利用して、さらに広い世界へと足を踏み入れる。1周目では見えなかったもの、見過ごしていたものを再発見する。それによって新たな自分を発見し、より広い視野で世界を見渡すことができるのです。

◆放っておくと心に「うつの雑草」が蔓延する

医学の発達や生活環境の向上で人生100年時代と言われるまでに寿命が延びたのに、残りの50年、人生の2周目になんの希望も持てないとしたらそれはもったいない。苦役のような時間になってしまいます。

ところが程度の差こそあれ、苦役に近い2周目に入ってしまっている人が少なくありません。最近特に問題となっているのが**「初老期うつ病」**と呼ばれるものです。人生に新鮮味を感じられず、何を見ても心が動かない。このまま歳を取っていくのかという虚しさのようなものが込み上げてくる。次第に気力を失い、活動力が落ちてしまう。

50歳を過ぎた頃から現れるようになるこのような抑うつ状態を「初老期うつ病」というのだそうです。

じつは、私自身もそれらしきものになりかけたことがあります。50歳を過ぎた頃、何かをするたびに「ふうっ」とため息が出たのです。

一通りこの世の中のことはわかってしまっている。仕事の段取りもある程度身についているし、うまくいったこともいかなかったことも、ほぼ想定内。

肉体的な衰えも当然加わっていたのでしょう。なんだかやたらと身体が重く、ため息ばかりついている自分に気づいたのです。

仕事でもなんでも一通りのコツと勘がつかめて、50歳を過ぎていろんなものが一段落して、フッと肩の力が抜けたときでもある。そういう状態の時に心に「うつの雑草」が生えるのです。

雑草というのは、放っておくとあっという間に伸びて生い茂ります。自宅に庭がある人ならよくわかると思いますが、少し気を抜くと本当にびっくりするくらい伸びている。

私は大学生の頃、静岡から東京へ出てきて1階のアパートを借りました。小さい庭が付いていたのですが、そのうち何か植えようかと思って放っておいた。

すると夏になって私の胸のあたりまで成長して、ほとんど部屋の前が遮られてしまったのです。遊びに来た友人がびっくりして、一緒になってその雑草を必死で抜いたのを覚えています。雑草というのはあっという間にいっぱいに生い茂るものだと痛感しました。

ほかのものが一切生えなくなるくらい強く、はびこるのです。

ここで「うつの雑草」と言っているのは、うつな気分のことです。本格的なうつ病には、もちろん医師による診断・治療が必要です。

◆「うつの雑草」は早めに抜き取る

じつは「うつ」という気分も、放っておくと雑草のように心にはびこるものだと思います。雑草はとにかく早めに抜くこと。地面から少し顔を出したら、小さなうちに摘み取ってしまわないと大変なことになります。庭の手入れをしている人はそれをよく知っています。「心の雑草」、「うつの雑草」もまさに同じです。ちょっとやる気がしない、気分が乗らない。身体が重くて動くのがしんどい。何に対しても興味が昔のように湧かずウキウキしない……。

それは最初は大したことのないちょっとした心のほころびかもしれません。でも放っておくと雑草と同じく、あっという間に伸びて心の庭を埋め尽くします。

そしてもはや何もそこに植えることができない雑草だけの空間になってしまう。取り返しがつかない重いうつ状態に陥ってしまうのです。

ちなみにうつ病の「鬱」という字は、何か密集して詰まっている状態を表すそうです。「うっそう」とした森の「鬱」ならいいのですが、憂いが密集した「憂鬱」の場合は困ったことになります。

そうならないように、私たちは意識して「うつの雑草」の芽に早いうちに気づき、摘み取らなければいけません。人生の2周目を前にして、新たな目標や生きがいの種を植える前に、「うつの雑草」で覆われてしまい、どうすることもできなくなってからでは遅いのです。

冗談半分で私がよく言うのは「心の雑草」、「うつの雑草」がどの程度はびこっているかがわかるアプリがあればいいと。

「この1年で何か新しいことを始めましたか？」

「昨日、おもしろかったことは何ですか?」
「いま熱中している趣味や遊びはありますか?」
など、質問項目に答えることで、その人の心の庭にどの程度雑草が生えているかを、映像としてわかるようにするアプリです。

重いうつ状態の人は心の庭が雑草で覆われて、花も木も一切育っていない光景が映し出されます。いっぽう健康的な精神状態の人の庭はきちんと整理され、花が美しく咲き、形のよい庭木が佇《たたず》んでいます。あるいは「あなたは今は健康ですが、心の雑草が生えかかっているので注意しましょう」というような警告もある。

心の状態が「庭」という形で可視化されるので、自分が今どのような状態であるのかが一目でわかるというアプリです。便利だと思いませんか?

◆スポーツや武道で身体を動かす

スポーツをやっている人、身体を動かしている人はうつ状態になりにくい。たとえば若い時にやっていたスポーツを今も続けているという人。中学高校時代に部活でやっていたスポーツを今も何らかの形でやっている人は、うつ状態になりにくいと思います。

スポーツは身体を動かすという意味もありますが、勝負の世界で気持ちをピンと張ることがよい効果をもたらします。緊張感によって心の雑草がきれいに取り除かれるのです。脳の機能的な働きで言うなら、筋肉を使い、筋力をアップすることで男性ホルモンであるテストステロンが分泌されます。試合に勝利することでアドレナリンなど脳内ホルモンが分泌されます。

スポーツをすることが脳への刺激になる。うつ状態というのは脳の働きの一部が通常より低下し緩慢になることです。スポーツによって脳に刺激を加えることで、機能低下を防ぐことにつながるのです。ただし、スポーツはどうしても年齢が高くなるとハードルが高くなってしまいます。若い人に交じって一緒に試合するのは難しい。体力差がありますから同じチーム内であればどうしても高齢の人は活躍できにくい。隅に追いやられてしまいます。

その点、日本の武道は高齢になっても続けることができます。年寄りだからといって軽んじられることはありません。柔道でも剣道でも、段位が上の人は皆、ある程度年齢が高い人たちです。これはたんに実力があるからといって昇段するわけではないという、認定システムに由来しています。

たとえば剣道では初段は13歳以上であること、二段は初段受有後1年以上修行を続けていること、三段は二段受有後、2年以上修行を続けていることというように、修行の必要年数が、段が上がるごとに1年ずつ増えていくのです。

六段から七段へは6年必要で、七段から八段へは10年の修行が必要。初段からの総必要修行年数は最低で31年もかかるのです。

武道は、たんに競技の実力だけで段位が上がるわけではありません。ですからオリンピックなどの第一線で活躍する人たちの多くが四段とか五段くらいでしょう。年齢的にはそのあたりがピークなのですが、武道はそれだけを重んじるのではないということです。

◆心の庭に「大きな桜の木」を育てよう

長く続けた人、また年齢を重ね精神的にも円熟した人をリスペクトし評価するという基本姿勢が武道にはあるのです。たんに力や技術だけではないということです。試合をして勝つ方が偉いとか上だとは考えていないことがポイントです。

人間、同じことをずっと長く続けているとどうしてもマンネリになり、飽きが来てしまいます。その点、日本の武道は長く続けることに重きを置いています。このような精神文化を背景にした武道を続けている人は、マンネリズムによって起こる精神の停滞を、自ずと寄せ付けません。うつになりにくい精神構造を身につけていると言っていいと思います。

先ほどのアプリの話に当てはめると、スポーツ、とりわけ柔道や剣道などの武道を続けている人は、庭に大きな桜の木が植わっていて、満開の花を咲かせている状態だと考えられます。あるクイズ番組で知ったのですが、桜の葉や花からはクマリンという物質が出ていて、それが周囲の雑草を駆除する作用があるというのです。大きな桜の木が一本生えていることで、おのずと「うつの雑草」が生えてこない。

武道を若い頃から続けているという人は、心の庭に大きな桜の木が立っているようなもの。自然と雑草が生えてこない精神環境を整えているわけです。

◆「心の北極星」……内田裕也さんの生き方に学ぶ

自分の中に目指すべき方向性が一つしっかりとある人は強いです。私は「心の北極星」と呼んでいるのですが、自分の中の動かない軸、ブレない中心がある人は「うつの雑草」が生えにくいと言えると思います。

2019年3月、樹木希林さんの後を追うようにして亡くなった内田裕也さんですが、彼はロックンロールという音楽を一生かけて追求した人です。「俺、大きなヒット曲がないのに生き残ってるのはすごい」とご自身でお話しされていたのが印象的です。しかし、それだけロックに対する情熱、好きだという気持ちが人一倍強い。それが大きな説得力、存在感につながっているのです。

　そもそもロックというのは１９６０年代にイギリスで生まれ、アメリカ西海岸に移って発展した音楽です。体制批判、現状打破を目指す若い人たちのエネルギーが爆発したカウンターカルチャー（対抗文化）である音楽です。

　現状に不満を抱きがちな10代や20代の若い世代ならよくわかりますが、内田さんのすごいのは、その精神を79歳で亡くなるまで持ち続けたということです。この子供のようにひたむきであり、純粋な心は、世の中に興味を失い、何をやってもおもしろくない、「うつの雑草」が伸びるのを許している精神構造とは対極にあるものです。

　内田さんは恋愛に関してもいろいろ事件を引き起こし、毀誉褒貶《きよほうへん》も激しいのですが、子供のように素直な感情の持ち主であったが故の失敗、錯誤であるとも考えられます。

　おそらく女性だけでなく、日常のいろいろな出来事から芸術作品まで、目に触れ体験するものすべてに、常人以上に感動したり心を動かしたりしたのでしょう。

いろんなものに鋭く激しく感応できるのも、おそらく内田さんの中に確固として動かぬ北極星、つまり音楽＝ロックンロールがあったからだと思います。ちなみに内田さんはジョン・レノンを信奉していました。

ジョン・レノンの生き方は、本質的に反体制であり、究極の平和主義者でもあります。そのメッセージがロックの精神につながっている。じつは私は週刊文春で「説教名人」という連載をしていたのですが、その時にジョン・レノンの言葉を取り上げました。

それは「戦場の兵士はみんなズボンとパンツを脱げばいい。そうしたらばかばかしくて戦争なんてできないだろう」というものです。その時の私の記事を内田さんがコンサートで「こんないい文章があった」と読み上げてくれたそうです。私は人づてに聞いたのですが、大変光栄でうれしい出来事でした。いずれにしても、内田さんのように純粋な心があり、強く憧れる存在を胸に抱き続けている人はいくつになっても老けません。

心に北極星を持つこと。それはそのまま生きる力になるのです。

◆心の軸が定まっているからこそ自由になれる

逆説的ですが、心に北極星がある人、軸がしっかりとある人ほど、自由な精神の持ち主です。一つのものを信奉するといっても、いわゆる思想的な原理主義者とは違います。原理主義という言葉の定義は難しいのですが、一つの教えや価値観を信奉し、すべてをその基準によって判断し、行動する考え方と考えてください。

心の北極星も一つの対象を信奉し憧れ目指すことですが、原理主義のような固さ、かたくなさはありません。先ほどの内田裕也さんの生き方のように、ロックンロールという北極星を仰ぎながら、しかしその心は純粋で生き生きと働いていたのがよい例でしょう。

軸が定まっているからこそ、それ以外のところは自由闊達《かったつ》に精神が働く。余裕や遊び心、柔らかさが生まれてくる。

このような例として、私は禅宗のお坊さんである**一休**と**良寛**の二人を思い描きます。

二人に共通するのが女性との付き合いです。

二人とも自然体で生きた人です。老年になっても女性との付き合いがありました。同じ禅宗の道元は謹厳実直に生き、禁欲を守ったようですが、この二人は何事も自然体、女性とも自然な流れの中で付き合いを続けます。

おそらく、いずれも世俗的なものとはまた違うレベルで、女性と対していたのでしょう。女性というよりも一人の確固とした人間、人格として尊重していたのではないでしょうか。

この二人の共通した北極星は「悟り」です。その目指すところがあまりにも確固としてあるがゆえに、通常は戒律で禁じられている女性との付き合いも、それに縛られることなく自然体で受け入れたに違いありません。

◆**良寛こそ老後の生き方のモデルになる**

良寛は、老後の生き方の一つのモデルとしても参考になると思います。晩年の彼は簡素な生活で寺も持たず、ひたすら書に没頭し、歌を詠《よ》み、子供たちと戯れ遊ぶ日々を送ります。宗派にとらわれず、また難しい説法もしないのですが、ただ日々を自然体で楽しむ自由闊達な生き方が多くの人たちを感化します。

良寛はとにかく子供が大好きで、子供たちの中に真の仏性があると考えていました。日が暮れるまで子供と手毬《てまり》やかくれんぼをして遊んでいたそうです。

子供らと手毬《てまり》つきつつこの里に遊ぶ春日は暮れずともよし

という歌がありますが、子供たちとかくれんぼをしていて、自分が隠れているうちに子供たちが帰ってしまう。良寛はそれとも知らず次の日の朝になってもまだじっと隠れ続けていたそうです。

私たちは得てして子供のような柔軟な心、自由闊達な心を忘れてしまいます。やがて何を見ても聞いても心を動かすことのないかたくなな心になっていく。そうなると知らず知らずのうちに、「うつの雑草」が心の空間を覆ってしまいます。

おそらく良寛や一休さんのような「心の北極星」を仰ぎながら自由に生きている人は、うつの雑草とは無縁でしょう。

◆一芸に秀でていなくとも「下手の横好き」でいい

歴史上の偉人たちには、50代で「うつの雑草」が生えるどころか、そこから人生を謳歌《おうか》している人がたくさんいます。スポーツ選手でもキング・カズこと三浦知良《かずよし》さんは今年（2019年時点）で52歳。まだ横浜FCで選手として活動しています。

プロ選手として一瞬活躍するだけでもすごいことですが、それを30年以上も続けるというのは、とても言葉で簡単に表現できるものではありません。

しかも途中、あれだけ憧れていたサッカー・ワールドカップの直前に代表から外されるという悪夢のような屈辱があったにもかかわらず、腐るどころかずっと続けているのです。

三浦選手の生き方を見ていると、すでにスポーツ選手というよりも武道の達人の領域に近い感じがします。**身体は若い頃より衰えているかもしれませんが、生き方、考え方、人格、トータルな意味で存在感がより大きくなっています。**

サッカーに対する情熱が、いくつになっても昔のまま変わっていない。子供の頃のときめきや憧れというものを今でも持ち合わせている。そう考えると先ほどお話しした良寛にも通じる純粋さを感じます。

もちろん私たちは、良寛や三浦選手のような類いまれな能力、才能を持ち合わせているとは残念ながらいえません。それでも好きなことがあり、それを続けるということはとても素晴らしいことだと思います。

「下手の横好き」という言葉がありますが、私たちはそれでいいのです。下手であっても、描くても、好きでそれを続けているのであれば、それは人生の北極星となり得ると思います。それが上手であるか、達者であるかは問題ではない。好きであることが一番のポイントなのだと思います。

落語で**「寝床」**というお話があります。ある長屋の大家が下手な義太夫を歌い、それを聞かされる店子たちがわざと酒に酔って義太夫を聞きながら寝てしまうというストーリー。

ユーモラスでどこか切なさも感じさせる話です。

『マダム・フローレンス! 夢見るふたり』という映画もまさに「下手の横好き」のお話。名女優メリル・ストリープ演じるフローレンスは持病ゆえに致命的なオンチであるにもかかわらず、ひたすらソプラノ歌手になることを夢見ています。ヒュー・グラント演じる夫のシンクレアは、そんな彼女の夢を叶《かな》えるべく、批評家を買収したり、専属のピアニストを雇ったりと奔走します。最後にフローレンスは音楽の殿堂カーネギーホールでコンサートを開くことを夢見ます。献身的な夫と彼女、そして周囲の笑いと涙の物語です。下手であっても好きであるということの強さと美しさを、この作品はとてもよく描いています。

上手くなくてもいい、評価されなくてもいい。自分が純粋に好きだと思えるものを持ち、それを「人生の北極星」にすることができれば、人生の2周目はとても楽しく有意義になるに違いありません。

◆自己コントロールすることで肉体と精神のメンテナンスを

とはいえ、私もそうでしたが、**初老期のうつ状態は、多くの人に多かれ少なかれ襲ってきます。**

50代以降、正直一度は壁を感じることがあるでしょう。それは肉体的な衰えであったり、集中力やモチベーションなどの精神的な衰えであったりするかもしれません。また若い頃、女性にモテていた人は、50歳を過ぎて以前のようにモテることがなくなって、寂しい思いに駆られるかもしれない。

誰でも何かしらで躓《つまず》くのが50代です。それはなかば致し方ないことだと思います。

なぜなら前にもお話ししたように、生命体として、生物として、50歳は一役終わった年代だからです。

もちろん個人差はあります。ピカソなどは70歳を過ぎて子供をつくったそうですが、これはもちろん例外でしょう。普通の人はやはり50歳を過ぎたあたりから、異性が昔のように自分に関心を持ってくれない事実を嫌というほど感じることがあるのでは？

男性の場合、特に50歳くらいを過ぎると、男性ホルモンであるテストステロンが激減するそうです。テストステロンというのはモテ薬のようなもので、一種フェロモンのような作用があるそうです。若い頃は自然にテストステロンが分泌されるので、男性的な魅力が出るのですが、高齢になると減ってしまう分、男性としての魅力が感じられなくなるのです。

ただし、だからといって50代はどんどん衰えていくばかりかといえば、今の時代そうとは言い切れません。

むしろ50歳を過ぎてからより健康的になり、前向きに生きている人も少なくありません。

私の周り、かつての学友たちなどを見るとそう感じるのです。大学の同窓会などに行くと、これが見事に誰も太っていません。むしろ40代の頃よりシェイプアップされている人もいます。聞けばほとんどの人が、ジムに通って筋トレや有酸素運動を行っている。

家庭でも仕事でも50代の特に後半になると、ある程度時間的に余裕ができたりします。「早く帰っても仕方がない」と彼らは言うのですが、家に帰る前にジムで運動して汗を流す。あるいは皇居を1周ランニングする。無駄に酒を飲んで悪酔いして、次の日に酒が残った頭でどんよりと会社に行くというようなことがありません。

◆2周目こそ人生の本番

自分の意志で自分をコントロールする。そういうことができているのです。50代の衰えも、このように自己コントロールによってかなりの部分を補うことができるはずです。

私自身も以前テニスをやっていましたし、身体性というものを重視していますから、今でも時間があればジムに行って汗を流します。

有酸素運動で体脂肪を落とし、筋トレで筋肉を強化する。**筋トレは、50代で激減すると言われているテストステロンを分泌させる効果があるそうです。**

自己コントロールをして生活を律し、適度に運動不足になりがちな身体を動かしてやる。それによっておのずと気持ちも前向きになるでしょう。2周目の人生を積極的に生きるためには、まず自己コントロールによる肉体のメンテナンスが不可欠だと思います。

むしろそれによって、不摂生していた30代、40代より50代の方が健康的で元気だという人が結構いるのです。

何もせず、すべてがありきたりで新鮮さを感じなくなる。そういう「無気力の雑草」はすぐに心のあちこちに生えてくる。油断しているとそれが繁殖し心の庭が雑草ですっかり覆い尽くされてしまう。そうならないために、意識して自分をコントロールし、時にはスポーツをしたり、ジムで汗を流す。「下手の横好き」でかまわないので、自分の好きなものを絞り込み、「人生の北極星」にまで高める。

これらのことができれば、「2周目」ほどエキサイティングで実りの多いものはありません。50歳からの人生こそ、人間として生まれた私たちの真の人生である。そこまで言い切っていいと思います。

お勧めブックガイド①

『新版 平家物語 全訳注 (一)～(四)』

杉本圭三郎　講談社学術文庫

12世紀末、栄華を誇った平氏はその権勢におごり、やがて東北武士、源氏によって滅ぼされる。「おごれるものも久しからず」――仏教的無常感を軸に歴史の無常を描く『平家物語』。以前に刊行された講談社学術文庫『平家物語』全12巻を4冊にまとめ、新版として刊行。

『吉田松陰 留魂録（全訳注）』

古川 薫　講談社学術文庫

維新の思想家であり教育者である吉田松陰が安政の大獄で捕らえられ獄中で執筆した『留魂録』。死を賭して彼が達成しようとしていた理想とは？　その後維新を成し遂げる弟子たちへ贈る最後の言葉。わが国が生んだ最高の遺書文学！

『良寛 旅と人生』

松本市壽　角川ソフィア文庫

宗派にとらわれることなく、また教義にとらわれることなく、自由に生きる中で仏の道を追求した良寛。子供の中に仏性を見出し、子供と一緒に遊び戯れた純真無垢な精神。その良寛は生涯に数多くの漢詩、和歌、俳句を残している。それらを現代語訳・解説とともに掲載。

2章 1周目でたまった「重さ」を取り除く

◆「心の荷台」を自ら重くしていませんか？

50歳以上の人を見ると、新鮮さに欠け老けた感じのする人と、逆に50代になって生き生き元気な人に、極端に分かれるような気がします。

仕事では部下をまとめていく立場であり、家庭ではすでに子供も手を離れつつある。そんな立場ですから、ある程度老成していて当たり前。

ところがすっかり世慣れてしまい、ときめきを失ってしまう。まったく何事にも心を動かさない人がいます。

そういう人の顔を見ると、能面のように表情が硬直しています。生き生きした感情の動きが見られない。

そんな人物を、同窓会などで時折目にするのではないでしょうか？

そういう人は、人生の2周目を楽しむことは難しいでしょう。心も表情も、そして身体も硬直してしまっている。そんな残念な50代、60代も少なくないのです。

どうしてそのように「固く」なってしまうのでしょうか？　私は一つの原因は、自分で人生を「重くしている」からではないかと考えています。

つまり「心の荷台」に荷物をたくさん積んでいる状態。自分で積み込みすぎて重くしているのです。

要するに心配事がたくさんあるということ。何でもかんでも詰め込みすぎて、自分で重くしてしまっているのです。

まずは「心の荷台」を軽くしましょう。たくさんある荷物のうち、本当に必要なものだけを選び出し、その他の荷物は捨てるのです。そのために一度、荷台の荷物をガサッと全部おろしてしまいましょう。

おそらくその中にはトラウマのようなものも含めて過去のさまざまな体験や記憶、こだわりや執着からくるガラクタのような荷物がたくさんあるはずです。ちょうどタンスの中がいつの間にか使わない服や下着などで一杯になるように、もはや不要な荷物がそのまま手付かずで残っている。

いい記憶もあれば忌まわしい記憶もある。

「心の荷台」に10代からのストレスが全部乗っている。

悩みや心配事もたくさんある。

家のこと、家族のこと、仕事のこと、あらゆる心配事で荷台がいっぱいになっています。

◆心と記憶の断捨離をして、気持ちを軽くする

よく、10代や20代の頃の両親や兄弟との葛藤や課題を、50代になってもいまだに持ち続けている人がいます。

虐待を受けたような人はまた別ですが、そこまでではなくて単に親との関係がうまくいかなかったとか、父親が厳しくて嫌いだったとか、母親がうるさくて嫌だったとか、誰でも多かれ少なかれ直面する類の葛藤を、いまだに処理しきれず抱えている。

それが30代前半くらいまでならなんとか認めるにしても、結婚して自分の子供ができて、もう50歳にもならんとするのに、いまだにそれを引きずっているとしたら、それはもう滑稽としか言えません。

20代、30代の時に誰々にあんなに嫌なことを言われた、多くの人たちの前で面目をつぶされ恥をかかされた。

もう20年もたっているのに今思い出すだけでも、キーボードを打つ手が止まるほどムカムカしてくる。そんな怒りや恨みもあるでしょう。

あるいは10年前に離婚した。当時のことを思い出したり、「あの時もっとああしていれば……」などと後悔し、別れた相手のことをいろいろと考える。

人生はたしかに過去から現在への時間の流れであり、記憶の流れでもあります。だからといって、それまで体験してきたあらゆる記憶、**特に負の記憶まで後生大事にずっと抱えている必要はありません。**それではどんどん重くなり動きが取れなくなってしまう。

私もやっていることですが、忘れたい過去、捨てるべき体験は、「よし、これは忘れよう。捨ててしまおう」と、心の中で一度決心する。そして捨てた荷物には心の中でしっかりと「バッテン印」をつけるのです。

人間は弱い生き物ですから、忘れようとしたこと、捨ててしまったことでも、またふと思い出してしまう癖があります。その瞬間、「あ、いかん！　これはバッテンをつけたものじゃないか。もうきれいさっぱり捨てた荷物だ」と反省し、意識的に忘れるようにする。**「それ以上考えない」と、強烈な意志をもって決めるのです。**

それでも、またムクムクと記憶が首をもたげてくることがあります。そうしたら、「これについては、もう考えない！」と「1秒」で意識から振り落とす。

私はこれを習慣的にやっています。

芥川の『蜘蛛《く も》の糸』のように、あたかも私の心にぶら下がった糸をたどって嫌な記憶がよじ登ってくる。「また来たか！　もうお前とは縁を切ったはずだ」とハサミでチョキン！と切る。嫌な記憶は真っ逆さまに谷底に落ち、消えていくというイメージです。

迫力をもって切ることが重要です。

不思議なもので、こういうことを繰り返すうちに、次第に本当に忘れてしまいます。

いつしか記憶はすっかり風化して、心のごみ箱の中に完全に収まってしまいます。

そうやって「心の断捨離」をしていきます。

◆記憶を再編集して別の物語にする技術

それでもどうしても消し去れない過去もあるでしょう。バッテンをつけて忘れようとしてもなかなか忘れられない。そんな場合には「記憶の再編集」という手段があります。

勝手に編集して、別な物語に変換してしまうのです。

たとえば、別れた相手をどうしても忘れられない。辛い失恋の記憶はいつまでも爪痕を残します。新しいパートナーができればよいのですが、そう簡単にいかない場合もあります。

そういう時には、あえてベタな演歌を聴いてみる。別れて北の最果ての地に行ったり、未練や心残りを歌っている演歌を聴いてストーリーに自分をなぞらえる。時には声を出して歌ってみることで、自分の体験がそのフィクションの世界に溶け込んでいくのです。

グジュグジュとした感情の塊が、演歌のストーリーの世界に入り込むことで、一種の昇華作用が起きる。

すると思い出自体が深刻なものから、フィクションの世界のロマンチシズムに彩られて、深刻ではなくなっていきます。生えかかっていた「うつの雑草」がなくなり、不思議に前向きな気持ち、気力がわいてくる。

このことは**ニーチェ**が**『悲劇の誕生』**という著作の中で明らかにしていることでもあります。ギリシャ悲劇は古代ギリシャ時代に誕生した演劇の一つのジャンルですが、仮面をつけた俳優と、舞踊合唱隊であるコロスの掛け合いで進行します。

この悲劇、特にコロスの合唱は、人間が本質的に持っている悲劇性を昇華させる役割があるとニーチェは言います。

ギリシャの人たちは劇場で演じられる悲劇を観、その歌声を聴くことで、日ごろの労苦、人生の辛さや悲しさをその壮大なフィクションの中で昇華させたのです。

歌や音楽、演劇といった芸術、芸能には日常の心の荷物を昇華させ、軽くさせる力がある。ですから映画でもいいし落語のようなものでもいい、芸術や芸能、一部の娯楽のフィクション、ストーリーによって現実を溶け込ませ昇華させてしまう。

生々しい過去を色付けし加工することで、重荷ではなく一つの思い出に変換することができるのです。

◆コントロールできない問題は忘れてしまう

心の荷物整理、断捨離にはいくつかのコツとテクニックがあります。

先ほどの「バッテン」をつけるということの他に**私自身が実践しているものに、「コントロール可能な問題であるかどうか？」「自分の課題であるかどうか？」を考えるというものがあります。**

まず「コントロール可能な問題であるかどうか？」ですが、何か問題が起きた時に、それが自分が努力したり注力することで解決する、あるいは改善する問題かどうか、ということです。

たとえば極端な話、明日の天気が晴れか雨か、いくら心配したところでどうすることもできません。自分の力ではどうすることもできない問題をくよくよ悩んでも仕方がない。

天気の心配は極端にしても、日常の生活や仕事のシーンで、コントロール不可能なことに思い悩んでいるケースは意外に多いのです。

あなたが部下に、明日の朝までにプレゼン用の資料を揃《そろ》えて提出するように命じて退社したとします。

伝えるべきことは伝えたし、あとは部下がどのような資料をまとめてくるか、明日になるまでは、もはや自分の力ではどうすることもできません。その間なんだかんだと悩んでも仕方がない。こういうことも、天気と同じくコントロールできない問題であるのに、意外に気をもむ人が多いのです。

◆「課題の分離」ができていないと思わぬ落とし穴に……

「自分の課題であるかどうか？」というのは、コントロール可能かどうかということに少し似ています。なにか問題があったとして、それが果たして自分の課題であるのか？　それとも他者の課題なのか？　それを混同することで問題をより複雑にして、悩み＝荷物をたくさん抱えてしまっている人が多いのです。

これはアドラー心理学で使われる**「課題の分離」**という考え方です。たとえば遅刻の多い同僚に対して「5分前行動にした方がいいよ」とアドバイスしたりします。その助言でかえって関係が悪くなることもあります。しかし少し考えてみると、遅刻することで不利益をこうむるのは同僚であって、自分ではありません。

本来他人の課題や問題を、まるで自分の問題のように考えてしまうことが、私たちの身の回りには多いのです。それによって相手の問題に土足で踏み込んだり、逆に相手が自分の問題に対して土足で踏み込んできたりする。

人間関係のゴタゴタの多くも、課題の分離がうまくできていないことから起こるとアドラーは言います。

たとえばあなたが、ある人に対して親切にしてあげたとしましょう。しかしそのことで相手があなたに対して好意を抱くかどうかは別問題です。それは相手の問題であり、あなたの問題ではありません。

もしかすると相手は他者の力を借りず、自分で何とかしたかったのかもしれない。あなたの親切はありがた迷惑である場合だってあるのです。

ところが、「あれだけ親切にしてやったのに、なんだか冷たい」と不平や怒りの感情を抱く人が多いのではないでしょうか。自分が相手に何をしたにせよ、最終的にどんな感情を抱くかは相手の問題であり、つまりは相手の自由なのです。

こうしていろんなものを割り切り、自分で抱えた問題、感情をどんどん整理してやる。すると、本当に自分で考えて取り組むべき問題というのは多くはないことに気づくはずです。

前にお話しした過去のマイナスの記憶の忘却と併せて、「自己コントロール不可能な問題」、「他者の課題」を自分の荷台からおろすだけでも、ずいぶんすっきりするはずです。

心の荷台が軽くなり、新たなスペースができることで、いろんなことに余裕を持って臨むことができる。するとそれまで見えてこなかったさまざまな気づきが生まれる。感情や感覚が生き生きと動き出すはずです。

◆頑張りすぎが一番よくない

心の荷台を軽くするという意味で、仕事のしすぎ、無理はよくありません。働き方改革が叫ばれていますが、上からの押し付け的な改革ではなく、働く当の本人の意識自体が変わっていかなければいけません。

「余裕時間」が必要です。

残業してがむしゃらに働いたからといって、必ずしも良いパフォーマンス、アウトプットを出せるとは限りません。たとえば文筆家の場合、1日1時間空いたスキマ時間で書けるかというと、そうではない。

5時間空いたとしたら、そのうち何もしていないような時間が4時間あって、初めて1時間分執筆できる。その4時間は無駄なように見えて無駄ではありません。1時間の執筆のために必要な「余裕時間」なのです。

じつは私自身、ワーカホリックで、ものすごく忙しい時期がありました。30代にまったく本を出せない時期があったものですから、40代になって『声に出して読みたい日本語』をきっかけに仕事の依頼が一度に来た時、ほとんどすべて引き受けてしまった。

年間60冊の本を出し、その他に大学の講義、講演会があってテレビ番組に出演していました。おそらく日本で一番忙しかった一人だったと思います。

そういう生活をしていると、まず運動ができない。学生時代にテニスをしていて体力に自信はあったのですが、50kg台だった細い身体が、一気に太って70kgを超えました。若い頃から太っている人はまだいいのですが、こういう激太りというのは危険です。

自分ではバリバリやっているつもりでしたが、おそらくかなりのストレスがかかっていたのでしょう。そして運動不足が輪をかけた。みるみる太って、おそらく当時の生活をそのまま続けたら死んでいたと思います。

さすがにこれはいけない。私は余裕のあるスケジューリングに転換しました。自分なりに仕事の制限をつける。むやみに仕事を受けず、手帳に時間割をきちんと書いて、自分に過剰な負荷がかかる仕事は勇気をもって断る。

空き時間を少しずつつくるようにしました。余裕ができると精神も落ち着いた。仕事をびっしり入れていると、興奮して交感神経が優位な状態になる。それを朝から晩まで一年じゅう続けていると必ず心身のバランスが崩れ、自律神経失調症になる。

それがひどくなるとうつ病になったり、最悪の場合には過労死してしまいます。順天堂大学医学部の教授で自律神経の働きに詳しい小林弘幸先生は、**「ギリギリのスケジュールで動くのが一番よくない」**とおっしゃっています。

◆仕事をしすぎないための工夫とは？

どこかで仕事の線引きをすることが必要でしょう。ここまではやるけれど、ここからは抱えない。幸い働き方改革で残業自体がしにくい世の中になっています。

ただし、怖いのは業務時間内でこなせない仕事を家に持ち帰ってやる「サービス残業」が密かに増えることです。

会社に勤めている人は、基本的に家に仕事を持ち込まないことが大事です。上司から仕事を頼まれ、つい断れずに家に帰ってこなす。

上司はそれを知らず、頼んだ仕事を業務時間内でやる能力と余裕があると判断し、同じようにまた仕事を頼んでくる。

残業時間が制限されるこれからは、断らずこなしてくれる人にどんどん仕事が集まってくる可能性があります。すると期待に応えようとして無理してしまう。

家には絶対に仕事を持ち帰らない。そういう線引きをしっかりすることも必要です。

to do リストに、やるべき仕事を掲げる時に、今日やるべきことだけを書き出すようにしましょう。明日できることは明日に回すのです。

私が実践しているやり方は、手帳にその日やるべきことを書き出し、それが終わったらチェックボックスにチェックを入れるというものです。書き出しておくメリットは、覚えておかなくてよいこと。その分脳の容量を使わなくてすむので、他のことを考える余裕ができます。

以前は自分の頭を過信してリストに書き出さなかったのですが、書類にハンコを押すのを忘れて出先から大学に戻らなくてはいけなくなったり、ちょっとしたところで時間と労力のロスがばかにならなかった。それがなくなったことが大きいです。

一日の仕事が終わり、チェックがズラッと並んでいるのを見ると「今日の仕事は終わった」という感覚がある。それが大事です。「何かやり残したことは？　忘れていることはないか？」と心を悩ませる時間がなくなり、スッキリとプライベートの時間に切り替えることができます。

付箋を活用するのもいいでしょう。やるべきことを一つずつ付箋に書いて、それを朝机の隅の方に並べて貼っておく。それをクリアしたらその付箋を捨てる。全部机の上からなくなったら仕事は終わり。

仕事をこなしたことを、このように可視化することがポイントなのです。

区切りをつけて次に向かう。手帳や付箋は時間管理において大きな力になります。

◆まず自分の時間を確保し、残った時間で仕事をする

よく、今日できることは今日やれと言われます。それはどんどん仕事を抱えて余裕をな

くしてしまうことにつながる。私は「今日やらないといけないことだけ今日やる。明日でいいことは明日に回す」というように変えてから、仕事と時間に余裕ができるようになりました。

私が仕事で付き合っている編集者にも、金曜の夜から土日にかけて、会社のPCに送られたメールは一切見ない人がいます。土日は一切仕事を離れて、月曜の朝に一気にメールを処理する。まずほとんどの件はそれで間に合うと言います。

彼曰《いわ》く、「本当に緊急の案件なら携帯に電話がかかってくるので、会社のメールに来ているだけの案件は月曜日の朝で十分間に合います」と。

私もそれが正解だと思います。

そういう人だと相手も理解すれば、そのうち土日にメールも送られてこなくなります。

彼のような人は、自分の時間を確保するという意識が高いわけです。同じように、必ず夏休みは1週間取るとか、冬は長く休むとか、自分でパターンを決めてしまう人もいます。時間の使い方の上手な人、仕事のできる人ほど休みを取ります。

コツは、年初など、最初に休む日、仕事をしない日を確保してしまう。残りの時間で仕事をこなすようにするのです。

給与から天引きをして積み立てるとお金がたまるように、時間も天引きするのです。

最初に休む時間を確保しないとついダラダラと仕事をして、休む時間がなくなる、そういう人に限って「忙しくて休む暇もない」とボヤきます。何のことはありません、時間の使い方が下手なだけなのです。

◆無駄な仕事に時間を取られないように「仕事の再編集」を

先ほど記憶の再編集が必要だという話をしましたが、仕事の再編集も必要です。仕事も放っておくとどんどん増えていく。なかには不要な仕事、部下など他の人に回してもいい仕事、後回しにしてもいい仕事もあります。それらを同じようにこなそうとするから無理がきてしまう。

会議の時など「無駄な仕事、省ける仕事は何ですか？」と問いかけることも有効です。ルーティーンになっている仕事でもよく考えるとやらなくてもいい仕事、作業がある。それを皆で考え、意見を言ってもらう。

「朝礼を毎日ではなく、週に3日にしましょう」

「報告会議は週1回ではなく、2週に1回にしてもいいのでは？」

とりあえず半年間やってみる。それで支障があれば元に戻せばいい。

私は今もこれを大学でしょっちゅう提案していますが、元に戻すことになった案件はほとんどありません。意外に省いても業務に差し支えなかったということがたくさんあるはずです。

「愚か者は簡単な仕事を複雑にする。普通の人は普通の仕事を普通にこなす。一流の人物は難しい仕事をシンプルにこなす」という言葉があります。仕事は常にいかにシンプルにこなすかを考える。

仕事のできない人に限って、悩んでも仕方ないところで悩み、迷う必要のないところで迷い、そのたびに仕事を複雑に捉えます。そしていつも時間が足りない、仕事がきついと不平をこぼす。

仕事ができる人は仕事の目的をしっかりと捉えます。それを実現するために不要で些末《さまつ》なことに時間を取られず、本当に必要十分なことに対してだけ注力します。つまりシンプルなのです。

仕事も「心の庭」と同じです。放っておくと雑草が生え、一杯になってしまう。意識して不要な仕事、無駄な仕事を整理して、スッキリさせることが必要です。

◆ストイコビッチがベンゲルの誘いを断った理由

つまりは自分にとって何が一番大切か？

どんな時間が一番大事か？

優先順位を明確にすることが求められていると言ってもいいでしょう。

私が思い出すのはストイコビッチの選択です。彼は名古屋グランパスでプレーしましたが、その時監督だったベンゲルがアーセナルに行く際、一緒に来てくれるように要請しました。

しかしストイコビッチは断ります。それは家族が日本になじんでいて、ロンドンに連れて行くのは酷だからという理由でした。ストイコビッチといえば当時、世界的に見ても超一流の選手で、日本でプレーするより、はるかにイングランドのプレミアリーグの方がふさわしい。

しかし彼の優先順位のトップは家族の幸せであり、それは変わらなかった。選手として一番いい時期を、日本でプレーすると決めたのです。とても明確だったのが印象に残っています。

本来、家族を持つ人であれば、優先順位は仕事よりも家族であるはずです。家族を守り、幸せにするために働いている。彼はあるインタビューで「当時アーセナルからのオファーを断ったのは世界で私だけではないでしょうか」と笑って答えています。

非常に簡単明瞭なんですね。いま自分にとって何が一番大事かが明確であるということ。そしてシンプルな命題を貫くこと。それができないから、不要なことに関わったり、心を悩ませたりする。余計な荷物を抱えて重くしてしまっているのです。

荷が重ければ当然動きも鈍くなります。何か新しいことがあっても、それに関心を向ける余裕もなくなります。「断捨離」は、自分にとって何が大事かを明確にすることで、捨てるものと残すものを分けていくわけですが、仕事の断捨離も優先順位を明確にすることで、初めて可能になるのです。

◆50代から必要になる「雑談力」

50歳を過ぎて、人生の2周目を迎えるにあたって、抱えているものを整理して身を軽くしましょう。身が軽くなって初めて、余裕ができます。余裕ができて初めて、いろんなことに興味を持つことができます。

軽くなるとまず何が変わるか？　雑談力が確実に上がります。

時間的にも精神的にも余裕があるから、世の中のいろんなことに目が向くようになります。当然話のネタも増える。余裕がなければ雑多なネタに目が行かないでしょうし、まず雑談をする時間さえ取れなくなります。

私はかつて『雑談力が上がる話し方』（ダイヤモンド社）という本を出しましたが、人生の2周目こそ「雑談力」がものを言うと考えています。

定年退職して会社から離れると、大事なのは身近にいる人たちとの人間関係です。それはパートナーであったり、地域の人たちであったり、あるいは趣味の集まりだとかサークルであったり。そこでの話はビジネス社会でやり取りされる会話とはまったく違います。

とくに目的も着地点もないおしゃべりが基本です。

そこからお互いなじみになり、信頼関係、人間関係ができあがる。

いかに上手に雑談できるかが問われるのが人生の2周目だと考えてよいでしょう。

雑談力を上げるには幅広く情報を集め、ネタを仕入れておく必要があります。その基本にあるのが好奇心です。好奇心があるからいろんなことに首を突っ込む。ちょっとした情報に敏感に反応できる。

それにはやはり先ほど言ったように身が軽くなければいけません。

たとえばある人と話をしていて「いまこんな本が流行っているんだって」と言われたら、すぐに書店に行ってみる。私もその点ずいぶん腰が軽いというか、テレビで何がいいと言われたらすぐに試してみる。お店に行って買ってしまいます。

なかにはハズレもありますが、それすらもまた会話のネタになります。「この前、テレビで紹介しているから買ったけどとんでもなかったよ」など。

失敗談こそ、他の人は聞いていて楽しめるのです。

雑談力が上がれば、いろんな人と話ができて関係ができるので、新たな情報が入るし刺激も受けます。親しくなればその人からまたいろいろな誘いや紹介を受け、世界がどんどん広がっていきます。

◆人生いつでも初心者という気持ちを大切に

人生の2周目を豊かにするポイントとして、「初心」ということがあります。

「50歳を過ぎて初心は難しいのでは?」と思うでしょうか。

たとえ50年生きてさまざまな経験をしたからといって、すべてのことを知っている人など誰一人いないでしょう。

むしろ知らないことの方が山のようにある。経験していないこと、未知なることがたくさんあります。いまさら「初心」なんて、と言う人は、自分の現実、世の中があまりにも見えていないといえます。

かりにすでに若い頃から知っている、体験しているということでも、50歳になってもう一度触れてみると、まったく違ったように感じたり、違った視点で捉えることができるはずです。

思想や哲学、芸術や宗教などは若い頃ピンと来なくても、むしろ50歳を過ぎてからの方が腑に落ちるということがあります。私自身、ハイデガーの**『存在と時間』**を若い頃に読みましたが、今読み返すとずっとよくわかります。

ハイデガーは、人間は死ということを意識できる存在だからこそ、他の動物と違う生を生きることができると言います。哲学者らしい難しい表現もありますが、若い頃は身近に死を感じません。

ところが50歳を過ぎ、人生の2周目で、死がやはり他人事ではなく身近に迫ってくると、ハイデガーの言葉、言っていることがスッと理解できるのです。

「初心忘るべからず」というのは世阿弥《ぜあみ》の言葉ですが、本来は「どんなに上手になったとしても、下手だった時の自分を忘れないようにしよう」という意味。それが今は「新鮮な気持ちを大切にしよう」という意味で使われることも多いようです。

いずれにしても初心は大切です。2周目になるとつい初心を忘れ、世の中のことをいっぱしに見知った気持ちになってしまいがちですが、それではいけない。

◆世阿弥が説く初心——50代にも60代にも初心がある

世阿弥はさらに『花鏡』の中で「是非《ぜひ》初心を忘るべからず」と書いています。若い頃の非を忘れない。いい悪いの判断の初心を忘れてはいけない。

また「時々の初心を忘るべからず」というのがあります。

その時々の初心というのがあるというのですね。40代には40代の、50代には50代の初心がある。

さらに「老後の初心を忘るべからず」と言っています。老いていくということにも初心がある。それを意識することで、老いの木の花が咲くというのです。

初心があれば、老いた木にも花が咲く。まさに人生の2周目の言葉としてふさわしい。

2周目であっても、いや2周目だからこそ、初心さえあれば立派な花が咲くというのです。

実際、世阿弥の父観阿弥は静岡浅間《せんげん》神社で舞って「老木の花」を見せたそうです。亡くなる直前に花が咲いたと思うほどの素晴らしい舞を息子の前で舞った。なんとも素晴らしく感動的な姿ではないでしょうか？　その話が**『風姿花伝』**にしっかりと書かれています。

それぞれの年代、それぞれの時に初心がある。いくつになっても自分が拙いということを忘れない。それが人生2周目の極意だと言ってよいでしょう。

実際、50歳になっても60歳になっても知らないことが山のようにある。歌舞伎の世界を知っていますか？　能の世界を知っているでしょうか？　哲学は？　物理学は？　芸術は？　虚心坦懐《きょしんたんかい》に自分に問いかければ、あまりにも知らない初心の世界が広がっています。

せっかくこの世に生を受けたのだから、いろんな世界を知っておきたいものです。

ある意味で、社会的な役割を一通り終えたのですから、これからはその時間を使って新しい世界、未知の世界に足を踏み入れてみる。

これからようやく自分の好きな勉強ができる。新しいことを知ることができる。2周目こそ本来の自分を取り戻し、本来の人生を謳歌《おうか》させる宝の時間なのです。

◆他人の目や評価から自由になれる

いい意味で、自分中心の時間をつくることができるのが2周目だと考えてください。

私の教えた卒業生の一人は、そうやって発見したことを日々ブログに書いています。

しかしフォロワーは私一人という時もある。それでも彼は淡々と続けているのです。

それはそれでじつに立派だと思いました。

つまり人の評価をあてにしているのではないのです。彼は自分のために自分のことをブログに書き続けている。評価は自分で自分にしているのです。

1周目と2周目の大きな違いは、評価を他人に委ねるか、自分で自分を評価するかということでもあります。

1周目はビジネス社会で仕事をしているわけですから、評価というのは常に他者から下されるものでした。営業成績にしても人事考課にしても、すべて他者が判断し、下した結果が自分の評価になっていたのです。

しかし2周目は、他者の評価ももちろん大切ですが、自分で自分に評価を下すことが中心になります。

そうやって評価できる客観的な目は、すでにある程度養われているはず。

そして2周目の活動は他人から強制されるものではなく、自身の関心と興味から自発的に動き、その結果であるがゆえに、評価も自分自身でなければ下せない部分があります。

逆に言えば、他者の目から自由になることができるのが2周目の特徴でしょう。1周目であまりにも評価を他者に依存してきた人は、戸惑うかもしれません。フェイスブックでやたらと「いいね！」の数を気にしている人は、他者の目がなくなると何をしたらいいかわからなくなってしまうかもしれません。

でも、本来自分の人生は、最後は自分で評価し判断するべきものだと思います。1周目でそれができていなかった人こそ、2周目でできるようにする。その心がけと行動だけでも、2周目の意義は大きいと言えるでしょう。

お勧めブックガイド②

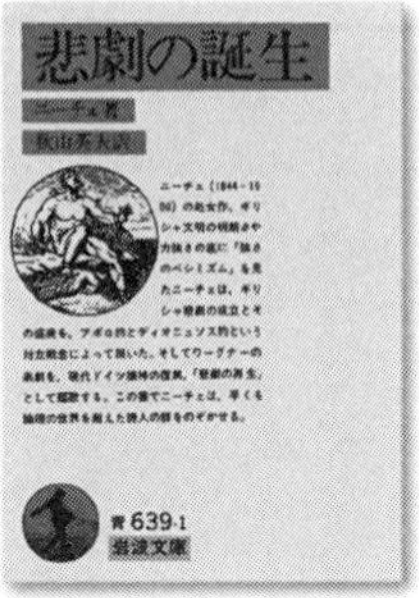

『悲劇の誕生』

フリードリッヒ・ニーチェ
秋山英夫訳　岩波文庫

ニーチェ（1844-1900）の処女作。ギリシャ悲劇を、アポロ的とディオニュソス的という対立概念によって説き明かす。ワーグナーの楽劇をその流れの中で捉え、「悲劇の再生」だと論ずる。西洋思想の基本構造をニーチェの天才が鮮やかに浮かび上がらせる。

『アドラーをじっくり読む』

岸見一郎　中公新書ラクレ

さまざまな葛藤はトラウマなどの原因からではなく、本人の心の中の意識されない欺瞞や錯覚があるとするアドラー心理学。『嫌われる勇気』の著者が、アドラーの代表作のポイントを徹底解説する。

『「ゆっくり動く」と人生がすべてうまくいく』

小林弘幸　PHP研究所

「ゆっくり動く」ことによって副交感神経の働きがアップし、心身が健康になり、パフォーマンスが向上する。特別な器具も使わず日常の動作を変えるだけで実践できる自律神経を整える方法を解説。

3章　「身体の固さ」を取ると心が柔らかくなる

◆小学3年生の感性を忘れた大人たち

人生の2周目を謳歌するのを妨げる、一番の問題点は？

それは心の固さ。孔子は、『論語』で「固」を自分は絶ったと言っています。「学べば固ならず」とも言っています。

心が固いと物事を柔軟に受け止めることができません。先入観、既成概念でものを判断する。だから何を見ても心が動かず、ありきたりでつまらないと感じてしまいます。

男性の場合、特にこの傾向が顕著です。45歳を過ぎたあたりから、頭も心も硬化しはじめます。私が講演に行くたびに遭遇するのが、この「硬直化した中高年の男性たち」です。

同じくらいの年齢でも、女性は表情が柔らかい。私が冗談を言うと声を出して笑いますし、悲しい話をすると悲しい表情になる。まじめな話は真剣な顔で聞いてくれます。

ところが60代、70代の男性ときたら、まるで能面でもつけているかのように表情が動きません。そして誰も彼もが、眉間にしわを寄せ、口をへの字に結んで気難しい顔をしています。あまりの硬さ、重さに「この空気は何ですか？」と言いたくなることも1度や2度ではありません。冗談を言っても何を言っても笑わない。不機嫌そうな表情が変わらないし、身体も動きません。

私は教育者として小学生にも教えたりしています。気がつくのは彼らの元気の良さ。特に男の子がやたらに元気です。なかでも3年生が一番元気いっぱいの時期だと考えています。私は小学3年生を人生のゴールデンエイジ、一番楽しくて元気いっぱいの時期だと考えています。

彼らは大人の言葉や世界をある程度理解できる知能レベルに成長しつつ、心には子供のままの大らかさ、純真さを兼ね備えています。ですから素直に私の言うことを聞き、それを理解しながら、一緒に楽しんでくれます。

「よしそれじゃ、皆でジャンプしよう」と言うと喜んでジャンプします。「みんなで大きな声で歌おう」と言うと、てらいなく大きな声でみんなで歌います。無邪気な子供ですが、大人の感情も理解し、表情や場の空気を敏感に読みとります。だから教えていてもとにかく楽しい。

その年代が一番活気にあふれ、いろんなものを吸収し、一番伸びシロがある年齢です。彼らは、あらゆるものが新鮮で、毎日が新しい発見の連続。だから楽しくて仕方がないし、目が生き生きと輝いています。

さくらももこさんの「ちびまる子ちゃん」が小学3年生という設定なのは、とても妥当なんですね。特に男の子たちの元気の良さといったら大変です。軽い躁《そう》状態といってもいいほど、すぐに走り出すし、大きな声を上げるし、いつも飛び跳ねています。

その元気いっぱいの男の子が、40年たつと同じ人間とは思えないほど硬直化してしまう。一体何があったのか？　あの元気な面影はもはやつゆほども残っていない。一体いつの間にどこに消えてしまったのでしょうか？

講演で、60代以上の男性が多く、空気が凝り固まっているなと感じたら、「ぜひ小学3年生の頃を思い出して下さい」と、私は言います。そして「その場で椅子から立ち上がってジャンプしましょう」と促します。

身体を動かすと表情も柔らかくなる。空気も柔らかくなるし心も軽くなります。冗談を言ってもそれまで無反応だった会場に、笑い声がようやく起きるようになります。

◆感情を表情や身体を使って素直に表現する

女性の場合、小学3年生と50歳の差は、それほどでもありません。表情も豊かだし、感情表現もハッキリしている。年齢を超えて人格としてつながっている感じがするのです。

しかし男性の場合は、小学3年生時と、あまりにも差が激しすぎる。

男性の方が体裁にこだわるのでしょうか？　素直に言うことを聞くのが恥ずかしいとか、

そんなばからしいことができるかとプライドが邪魔をするのか？　笑ったら軽く見られるとか、落ち着きがないといけないと思い込んでいるのか？

いつの間にか生き生きとした感情、心の柔らかさを失ってしまいがちです。ですから意識して子供の頃の元気な自分を取り戻さないといけません。心が硬直化してしまえば何を見ても、何に触れたとしても素直に感じ取ることができなくなる。「人生の2周目などは、すでに大方わかり切ったもので、何一つ目新しいことなどない」、そんな諦めと冷め切った心になってしまう。

じゃあ、そういう人たちが本当にいろんなことを見てきたのか、いろんなことを知っているのかというと、冷めている人ほどじつは大して知っているわけではない。それが実態ではないでしょうか。

いい意味で子供っぽさを残しておくべきだと思っています。子供っぽさがある人ほど、人生の2周目を楽しめるし謳歌できる。感覚としては歳を重ねるほど「自分は子供っぽくなっているな」と感じるくらいでちょうどいいのです。

それは決して我がままになるという意味ではありません。子供のように素直に感情表現すること。喜怒哀楽の怒りは別にして、喜び、悲しみ、楽しさという感情は押し殺すことなく感じたまま表現するべき。生き生きと表情に出すのです。

それには声を出すことがポイントです。歳を重ねた男性は特に声を出すのが大事。

小学3年生の声はとにかく大きい。

両手の指を組んで、腕を上にあげて一杯に伸ばしてみます。そうして前後左右に身体を傾ける。

すると上半身の筋肉が伸びて痛みを感じるはずです。これを大勢の小学生にやってもらう時、「痛いと感じたら声に出して『イテテテテーッ』と言いましょう」と言うと、素直に「イテテテテーッ！」と声を上げます。しかし中高年の男性はまず声を上げません。痛いくせに、声に出して言わない。面倒だったり恥ずかしかったりするのでしょう。

身体で感じたこと、感情を素直に言葉に出してみましょう。すると不思議に固かった心、感情が動き出します。

ちなみに先ほどの運動は、上半身のいろんな筋肉が伸びて、デスクワークをしている人は大変良いストレッチになります。声を出してやることで、同時に心のストレッチにもなります。中高年、特に男性は心してやってみて下さい。

あなたは「イテテテテーッ」と声が出るでしょうか？

◆「だるい」と言う中高年ほど、じつはエネルギーが余っている⁉

心の柔らかさを保つには、身体がじつは重要なポイントです。声を出すことも身体を動かすことの一つですが、身体を動かし柔らかくすることが心の柔らかさにつながります。

野口整体を創始した野口晴哉《はるちか》は、気の流れについて天才的な感覚を持った人でした。

その彼が口を酸っぱくして言っていたのが、身体を柔らかく保つこと。

みぞおちを柔らかくしなさいとか、背骨で息をしなさいとか、本質的な指導をしています。要は身体を柔軟にするということです。野口氏曰く、「赤ちゃんの寝返りを打つ様に学べ」と。赤ちゃんは寝返りを打つことで、起きている間に疲れた身体をほぐし、疲れと固さを取っているそうです。

その野口氏が言っていたことが「疲れとだるさの違い」です。彼によればそれが混同されて使われているというのです。どういうことかというと「だるい」という感覚はエネルギーが足りないのではなく滞留している状態、つまりあり余っている状態だということ。

エネルギーが足りない状態を「疲れ」というのに対し、「だるさ」というのはエネルギーが余っている状態なのです。ところがこれを混同し、「だるさ」と「疲れ」を同じように考えてしまう。

「だるい」からと身体を動かさなければ、ますます「だるさ」が増していくのです。

わかりやすいのは、寝すぎた時の感じです。寝すぎると「だるさ」を感じる時がありますね。だからといってまた寝たらずっとだるいまま。エネルギーが滞留している状態です。「だるさ」を感じたら、適度に運動をしてエネルギーを燃焼させて、滞留した流れを取り戻してやることが大事です。

するとエネルギー、気の流れが再び動き出す。身体にエネルギーが回るようになって、だるさが消え、身体の働きが活発になり軽くなります。

「疲れた」から動きたくないとか、休まないといけないと思い込んでいませんか？　じつはそれは「疲れ」ではなく「だるさ」の場合がある。エネルギーがないのではなく、あり余っている状態かもしれません。

そして中高年の人たちは、危険なほどにエネルギーがじつは余っている。その世代特有のどんよりとした「疲れ」は、じつは「だるさ」であることが多いように思います。

面倒がらず、おっくうがらずに身体を動かしましょう。「だるいな」「重いな」と思ったときは逆に少し身体を動かしてみる。血流が復活してエネルギーが再び身体にみなぎるようになります。

◆エネルギーは使うほどに生み出されていくもの

小学生200人で夏目漱石の『坊っちゃん』を6時間かけて音読したことがあります。「親譲りの無鉄砲で子供の頃から損ばかりしている。」から始まって、最後の「お墓のなかで坊っちゃんの来るのを楽しみに待っておりますと云った。だから清の墓は小日向《こびなた》の養源寺にある。」まで、全員で声に出して読むのです。

1時間くらいすると「疲れた」と言い始めます。そこで「疲れた人は手を挙げて」と聞くと、ほぼ全員が手を挙げます。そこで私はわざと「では手を挙げた人は元気を出すために次から立って読みましょう」と言うのです。

10分くらい立ったまま音読し、もう一度座って音読を続けます。すると不思議に疲れが取れるようで、むしろ元気になって「疲れた」と言う子がいなくなってくる。

作業興奮という言葉もありますが、最初は少し辛い。しかしある程度までいくと身体が楽になってくる。

マラソンでもランナーズハイという瞬間があります。走っているうち、最初はきつくてダメかと思うのですが、身体が走りになじんでくるとだんだん楽になってくる。そのうち気分が高揚して、アドレナリンのような脳内ホルモンが出るのか、疲れを感じることなく気分よくずっと走り続けることができる感覚になります。

6時間の音読会も、最後は皆一種の高揚した状態になります。最初はたどたどしかった音読も、途中からすらすら読めるようになっていく。そして最後のフレーズを読み終えた瞬間はもう感動的。全員大歓声で「おもしろかった！」と大爆発です。

6時間かけて疲れているかというと、これがほとんど疲れを感じません。爽快感だけが残っている。

人間の身体、エネルギーというのはそういうものだと思います。使ってやることでどんどん次のエネルギーが生まれてくる。昭和の頃の小学生の遠足は、それこそ言葉通り、何㎞も歩いて海や山に行きました。そしておにぎりを食べて、また何㎞も歩いて戻ってくる。

そもそも通学で毎日長い距離を歩いていたでしょう。だから朝礼で倒れる子なんていませんでした。私は昭和30年代生まれですが、小学校の6年間、朝礼でバタッと倒れた子を見た記憶がありません。

最近の小学校の朝礼や中学の入学式などではバタバタ倒れるそうです。子供たちでさえ、いまや弱っている。それはただし、先ほどの音読会でわかるように、彼らに体力がないのではなく、じつはエネルギーが滞留している、流れていないということに大きな原因があると思っています。

まして中高年の人たちは、ただでさえ運動不足気味の人が多い。エネルギーが滞留し慢性的に身体がだるくなっている。だから心もだるいし、何事をやるにもおっくうで面倒くさくなっているのだと思います。

◆肩甲骨を柔らかくするだけで発想力は倍になる!

私自身、一時期身体を動かさず70kg台半ばまで激太りした経験があり、意識的に運動をするようになりました。もともとテニスをやっていたので、運動自体身近だったことは確かですが、それでも身体を動かさない時期が長いと、なまり方は大変なものがありました。

ただしジムで運動を始めてみると、だんだん身体が動き始める。最初は10分で疲れていたランニングやサイクリングも、次の日は15分、20分、30分とどんどんできるようになっていく。どこまでできるのか一度試しました。本を読みながら自転車漕ぎをやったら2時間半できてしまった。

エネルギーは、あるところまでは出せば出すほど湧いてくる。身体を動かすことで身体はどんどん軽くなっていく。血流が活発になれば脳も働き始めます。だから本の内容もよ

く頭に入ってくる。一石二鳥です。

ある会社ではトランポリンが置いてあるそうです。アイデアが行き詰まった時などトランポリンで身体を動かすのです。すると新しい発想が生まれてくる。

50歳を過ぎた男性は、ほぼ例外なく身体が固くなっていて、リラックスできない状態になっています。意識的に身体を動かすことで、脳も活性化して気持ちも若返ります。

そもそもスーツを着ていること自体が身体を固くする。

スーツは「肩で着る」と言いますが、肩がバシッと決まることで格好良く見える。ただし、そのせいで肩甲骨が固まってしまうのです。だから意識して身体を動かしてやることが必要になります。

◆「マイブーム」をつねに意識する

いま、何かハマっていることがありますか？「最近これにハマっているんです」とすぐ答えられる人は大丈夫。しかし最近何も熱中するものがないという人、すぐに答えられない人は要注意です。

みうらじゅんさんの造語に「マイブーム」がありますが、とてもいい言葉だと思います。

世の中にブームは確かにあるけれど、自分の中のブームもある。それをみうらさんは「マイブーム」と名付けた。世の中になかった概念を作り上げたのは大きい。日本人の多くが、自分の中のブームは何かを意識するようになったと思います。

私も、使いやすい言葉なので、学生相手に「君たちのマイブームはなに?」と聞きます。するといろいろ答えてくれる。ある学生はラーメン店めぐりにハマっているとか、ある学生は乃木坂46のあるメンバーにハマっているという。すると同じものにハマっている学生同士が仲良くなって一緒にラーメン店めぐりをしたり、写真集サイン会に行ったりしています。

50代の人も「今月のマイブームは何だろう?」と自分に問い直してみましょう。ハマるというのは、1日2日の単位で変わることではありません。だいたい2週間から1カ月くらいの単位であることにハマり、それが変わっていくものだと思います。

大好きでドハマリした趣味を「沼」と呼びます。Eテレには「沼にハマってきいてみた」という番組もあります。「沼にハマる」のは楽しい。

私は期間を意識して沼にハマることがあります。たとえば「今月はレイモンド・チャンドラー月間」とか。ハードボイルドにハマって古い映画を観ていたら彼の小説を読みたく

なる。そして英文と合わせて和訳を読んでみる。そういうことをやります。

ハードボイルドを読み進めて、次の1カ月は映画『太陽がいっぱい』を書いたハイスミスを読んでみようとか、『マルタの鷹』を書いたダシール・ハメットもいいなと、さらに広げていくのもいい。

マイブームや沼を持てるということ自体、心と頭が柔らかい証拠だと思います。固いと何かに興味を持つことも難しいし、ましてや一定期間続けることも困難です。

◆感情と身体の動きを一致させる

すべての興味、関心は柔らかい心と頭があるから生まれます。固まってしまうから新鮮味も感じないし感動もなくなる。

柔らかくするのは、まず身体から入るのが一番です。

まず肩を回して肩甲骨を柔らかくしましょう。それから呼吸です。

まず息をゆっくりと吐ききります。すると今度は自然に大きく息を吸い込むことになる。この時も意識してゆっくりと行うことがコツです。すると横隔膜が緩むので気持ちがリラックスします。血流の滞りがなくなり副交感神経が優位になることで、さらにリラックスした状態になることができる。

上半身が弛緩《しかん》することで、まず笑顔が自然に出るようになるはずです。いろんなものに対する反応が敏感になり、サッと動けるようになります。

たとえば会議のときに左側の人が話している時に自然に左に身体が向く、右の人が話している時に自然に右に向く人は柔らかさがある人です。子供の感覚が残っている人だといえます。

ところが左の人が話していても、右の人が話していても、身体がピクリとも動かない人がいます。こういう人は固い人です。ひどくなると会議の間中ずっと正面を向いたまま、腕組みをして目を閉じているだけという重症の人もいます。

子供の場合は感情と身体の動きが一致しています。驚いた時は口をあけて目を見開いて驚いた表情になるし、うれしい時は笑顔になり自然にジャンプします。こちらの話に対する反応、あいづちもしっかりしてくれます。たとえば「先生、昨日夜に突然おなかが痛くなってね」と話すと、「エーッ」と驚いて心配そうな表情でこっちを見てくれますし、「昨日とてもおもしろいことがあったんだ」と話すと「どんなことがあったの？」と目を輝かせて聞いてくれます。

そこまでいかずとも、50歳を過ぎた人も、人の話にできるだけ感情を移入して反応するようにしてみましょう。相手が話をしている時は少なくともそちらに顔と身体を向ける。身を乗り出してしっかりと聞く。そして「へぇー」とか「そうなんですか」とか「なるほど！」とリアクションを取るようにしましょう。

すると自然に身体と心がほぐれてきて、相手の話がしっかり耳に残るようになります。相手もその反応を見て、乗って話をしてくれるようになります。

◆鞭《むち》のようにしなやかな身体の動きが理想的

身体の固さが心の固さにつながっています。

私は10代、20代にかけて20種類くらいの身体法を試したことがあります。テニスの試合で緊張してパフォーマンスを落とさないよう、リラックスする方法を探したのです。ヨガや真向法などいろいろ試しましたが、身体を柔らかくすることがリラックスすることにつながるということを理解することができました。野口整体も通いましたが、野口体操の教室にも行きました。

体操の専門家・野口三千三《みちぞう》先生は理想の身体は皮袋に液体が詰まったような状態だと話

していました。その中に骨が浮かんでいるような状態がベストだと。身体が水のように柔軟なのが理想なのです。

役者さんもたくさん通っていました。役者さんは舞台でいろんな表現をしなくてはいけません。身体と心が固いと絶対にうまくいかない仕事です。表現力が命の仕事ですから。坂東玉三郎さんなどは、ものすごく柔らかい身体と表情を持っています。女形だけに余計に柔軟性が求められます。役者さんは身体を液体化させて表現していると言っていいと思います。

野口先生がよく見せてくれたのは大きな鞭《むち》で、鞭を振ると波打って先端がピシリと床を叩《たた》く。身体も鞭のようにしなやかに動くのがよいと言われていました。体幹から始まって、手や足の先まで波動のように力が伝わっていく。それが理想の力の伝わり方であり、それには鞭のように柔らかくしなやかな身体が必要なのです。

◆不倫報道よりモナリザの秘密

私はテレビが好きでいろいろな番組を見ます。その中で気になっているのが、どの局もニュースや情報が似ていることです。そもそも情報の重要度として果たしてどれだけ高いものなのか？　疑問に思う内容が繰り返し報道されたりします。

たとえば芸能人や有名人の不倫報道。連日どの局もその話題に時間を割き、これでもかというくらいに叩きます。チャンネルをかえても同じ話題でさすがにうんざりしてしまうことも多い。

その中で先日Eテレでとても興味深いテレビ番組がありました。『地球ドラマチック「モナリザ 微笑が秘めた真実」』という番組です。ダ・ヴィンチの同時代の人の日記に、モナリザがどんな絵だったかを詳細に書き残しているものがあります。

ところがそれがルーブル美術館にある、私たちがよく知っているモナリザと違っているのです。「モナリザはもう1枚あるにちがいない」ということで、幻の1枚を探すという番組です。

ちなみにダ・ヴィンチにはもう一つ「アイルワースのモナリザ」という作品があるのですが、これは若々しいモナリザで、今回探すものとは違います。ところが番組が進むうちに、現代の科学技術でルーブルのモナリザの下に描かれているものを調べたら、どうやら全く違う女性が描かれていることがわかったのです。

絵画に対してある種の強い光を当てることで、その下に使われている絵の具の反射を測定する技術によって判明したのです。

その下に描かれていたモナリザの特徴が、同時代人の日記に記されている記述と一致した。調べていくとジョコンダ夫人という、いわゆるモナリザのモデルだったと言われている女性の姿だったのです。

◆私たちが目にするモナリザの正体とは?

では、上に描かれている、私たちが目にしているモナリザは誰なのか? どうやらダ・ヴィンチの理想の女性像らしい。これまでいろいろ論争がありましたが、現代の科学技術を使って、一つの結論が導き出されたようです。

ダ・ヴィンチはジョコンダ夫人の絵の上にあえて自分の理想の女性を描き出した。ジョコンダ夫人も美しい人ですが、その顔の上に描いたというのがポイントだと思います。

この世にはない理想の女性だからこそ、彼は本来商人に渡すべき作品を自分のもとに置いておいた。

まさに世紀の大発見でしょう? 日本中が「えーっ!」と大騒ぎになってもいいくらい。ところが騒然となるどころかニュースでもワイドショーでも取り上げていない。それに対して疑問を持つ人がほとんどいない。やっているのは相変わらず誰それの不倫騒動のような話です。

おかしくないでしょうか？　不倫は、基本的には当事者間の問題で、アドラー的には自分の課題ではありません。それよりも世界一の名画「モナリザ」の謎が一つ解明された方が価値が高い。これに「へぇーっ」と感心しないのは、情報に対する優先順位が間違っているとしか思えません。

視聴率優先のメディアは優先順位をミスリードしがちです。受け身で情報を得ているだけだと、そのミスリードに気がつかず、大事な情報を見逃してしまいます。私は偶然その番組を見たからよかったのですが、見ていない人はこの大発見を知らないまま、不倫騒動ばかりに気を取られてしまいます。

◆驚いたり感動したら声に出してみよう

私たち自身が優先順位をしっかりと持たなければ。そのためにも、日ごろから感性を鋭くしておかなければなりません。

何を見ても、何を聴いても心を動かさず、ときめくこともないし、感動することもない。それで

は優先順位もつけられません。

大量に流れてくる情報に流されてしまい、自分で取捨選択できなくなってしまいます。

人工知能研究の権威であるカーツワイルは、情報を選別し、活用できる知識にするのが知能だと『シンギュラリティは近い』で言っています。

50歳を過ぎたら、意識して心を動かし反応するくらいでちょうどいいと思います。

いい歳をしてちょっとしたことに反応するのは「軽々しい」とか「わざとらしい」「浅薄だ」と考えていませんか？　物事に動じないということも大事かもしれませんが、感受性はつねに鋭敏にしておくべきです。

小学3年生に、もしモナリザがじつは2枚あること、今の絵の下にもう一人描かれていて、今みんなが見ている絵はダ・ヴィンチの理想の女性だということを話したらどうなるでしょう？　きっと目を輝かせて「えーっ！　本当に!?」と声を上げて反応してくれるはずです。

いきなり小学生のような反応は難しいとしても、一度、「えーっ！」「すごい！」「本当に！」「びっくりしたなぁ！」と声に出してみましょう。私などテレビを見ながらしょっちゅう声を上げています。

声に出すという行動が脳に働きかけ、感性をさらに鋭敏にしてくれるはずです。

テレビばかりではなく本を読んでも、人に会って話をしていても、街を歩いていても何かしら驚くことがあったら声を上げてみましょう。意識的に今日はいくつ驚くことができたかとチェックしてみる。まだ何も驚いていないとしたら、何か見逃しているのではないかとか、感性が鈍っているのではと疑ってみる。

子供はその点「驚くことの天才」です。彼らを教えていると本当にいつも何かに驚き、それを顔や身体で表現しています。「子供は知らないことが多いからだ」と言う人がいたら、私はその人に「では、一体どれだけあなたは世の中を見て、どれだけ知っているのですか?」と聞いてみたい。じつはそういう人ほど、世の中を観察していないし、周りの出来事を「当たり前のことだ」と思い込み、人生をつまらなくしているのです。

◆「当たり前」から「ありがたい」へ

実際、よく周囲を見て観察し考えると、今の私たちの世界も社会も驚きで満ちていることに気がつくはずです。水道をひねれば水がいつでも出てきて、電気やガスがいつでも使える。私たちは当たり前だと思っていますが、これがどれだけありがたく、すごいことなのか？

　コンビニが24時間開いているのが当たり前で、いまやどの地域に行っても利用することができる。これも40年前、私が学生時代だった頃には考えられないことです。大学時代、下宿をしていると、夜や祝日は店が閉まっているから買い物なんてできませんでした。いまや年中無休で24時間開いている。当時のことを考えれば、深夜買い物ができるなんてすごいことです。

「すごいよ電気！」「すごいよコンビニ！」。実際24時間、電気がすべての市町村に届き、365日いつでも買い物ができるのは、その陰で働く大勢の人たちの労力があるからです。物流を滞らせないために毎日毎晩どれだけのトラックが日本を走っているか？　商品を供給するためにどれだけの人やシステムが毎日毎晩働いているか？　少し想像すればそれがどれだけすごいことかわかるでしょう。

「当たり前」の反対は「ありがたい」という言葉。漢字にすれば「有り難い」で、めったにないこと、特別なことだということでしょう。そこから「感謝する」という気持ちも生まれてきます。

「ありがとう」は感謝の気持ちを表現する言葉ですが、その前段階に「めったにない」「こんなことがあるの!?」という「驚き」があるわけです。

「すごいよ○○！」「すごすぎるよ○○！」と、いつも口に出してみましょう。

50歳を過ぎると大抵のことを経験して、知っているつもりになっています。簡単に驚いたら軽く見られてしまうという見栄や体裁もある。驚くことができにくくなってくる歳だからこそ、意識して驚く癖をつけておくことが大事だと思います。

◆あらためて富士山の凄さを教えてくれた友人の写真

先日、中学時代の友人が富士山を写真に撮って送ってくれました。私は静岡県出身ですから、それこそ富士山なんて当たり前でした。ところが送ってくれる写真を見るとこれがいいのです。

人生2周目、歳を重ねてからわかる美しさ、よさがあります。1周目で知っているからといって、それで終わりではありません。「2周目の富士山」があるのです。それは人生を長く生きる人へのご褒美でもあります。

その友人も、富士山は子供の頃からずっと見ているはずです。それでもこの歳になってさらにその美しさを発見している。彼がいたからこそ、私も「2周目の富士山」を知ることができた。まさに「有り難い」ことだと思います。

少し前になりますが、数学者の秋山仁先生にお会いした時に「先生、数直線ってすごいですよね」と言いました。数直線は無限の数を表しています。整数や自然数だけだと0、1、2、3と点になってしまう。直線は実数だけでなく無理数などあらゆる数字が描かれていきます。

線という幾何と数字という代数がつながったのが数直線なんです。すると秋山先生は「そうなんです。数直線はすごいのです」と言われました。そして「それもそうですが、三角形の内角の和がすべて180度というのが、すでにすごいんですよ」と。さすが秋山先生、三角形の内角の和が180度なんて誰もが当たり前だと思っている。それがあの数学者の秋山さんにとってみたら、驚きであり奇跡的なことなのです。

いくつになっても、どんな立場になっても目の前のことを素直に受け入れ、そして驚くことができる。人生の2周目こそ、この子供のような気持ちが必要なのだと思います。

◆CSやBS放送こそ興味深い番組がある

テレビ番組は、通常の地上波よりCSやBSをお勧めします。じつは先ほどのモナリザのような教養番組がたくさん放映されています。自然地理の番組など、知的な刺激と興奮を与えてくれる番組があります。あるいはスカパーなどの有料放送でも、ナショナルジオグラフィックなど、ぜひ見たい科学教養番組がラインナップされています。

先日見たのは、米国の俳優のモーガン・フリーマンが司会をしている心理学の実験番組です。子供たちに、後ろ向きで、しかも利き手でない手でボールを投げて的に当てるゲームをやってもらう。的に当てたらご褒美がもらえます。

ゲームでは、ある線から入って投げてはいけないという決まりがあるのですが、カメラでその様子を隠し撮りすると、中には線を越えたり、利き手で投げたりしてズルをする子が出てくる。

そこで今度は的の横に椅子を置き、そこに「目には見えませんが、プリンセスが座っています」と説明して、もう一度実験をします。すると今度は目に見えないプリンセスを意識してか、ズルをする子がいなくなる。

目に見えないものの存在を意識する。番組ではその力を説明し、それが「神」の概念の始まりだったと結論付けています。

こういう実験も、知るととても面白い。人間の行動の原理がわかり、神の誕生の根源に人間の「(目に)見えない者に対する畏怖」があることを示唆しているからです。

50歳を過ぎたからといって、おもしろいものはすべて見てしまった、何でも当たり前だと思ったら大間違い。まだまだ知らないことだらけだし、世の中は驚きで満ちているのです。

◆45歳から奥の細道へと旅立った芭蕉の「あこがれ」

人生の2周目から驚きの連続を体験した偉人として、松尾芭蕉はまさに典型的でしょう。芭蕉は45歳の時、西行五百回忌の年の1689年に弟子の曾良《そら》を連れて東北地方へと旅立ちます。

人生50年と言われた時代の45歳ですから、今で言うところの70歳くらいに当たるでしょうか? 人生2周目どころか3周目くらいの感じですが、そこからあえて東北、道の奥と呼ばれる地方を旅することに決めた。当時の旅は今の新幹線や車で移動するのとはわけが違う、大変過酷で命がけのものでした。それでも自分の俳諧を完成させたいという一途な願いから、大旅行を決断します。

それによって作られた数々の句の代表的なものとして、

夏草や兵どもが夢の跡
閑《しづか》さや岩にしみ入《いる》蝉の声
さみだれを集て早し最上川
荒海や佐渡によこたふ天河

といった名句があります。

過酷な旅は同時に驚きの連続でもあったに違いありません。それが芭蕉の詩心を揺り動かし、日本文学史上の珠宝の名句を生み出したのです。彼は『奥の細道』を推敲《すいこう》に推敲を重ねて完成させます。そして東北への旅立ちの5年後の1694年、弟子に看取られながら生涯を終えます。辞世の句とも言われる、病中の句は有名です。

旅に病んで夢は枯野をかけ廻《めぐ》る

身体は衰えても、旅への強いあこがれと夢はずっと働き続けていることがわかります。

芭蕉のような大詩人になるのは当然無理にしても、**歌や俳句を詠《よ》むなど、何かしら芸術**

に携わり、作品を作るということは人生の2周目でとても大きなことだと思います。
音楽や絵でもなんでもいい。上手下手など関係なく、自分の作品を作るということは、心を動かすと同時に、身体を動かすことにつながります。

それにしても、日本では古来から和歌が詠まれ、俳句や川柳などの文化が庶民にも根付いています。いまでも全国に句会や歌会が開かれ、多くの人たちが作品を作っています。日本は詩人大国なのです。

俳句や和歌ももちろん詩の一種ですが、そう考えると日本にはプロもアマチュアも含めて詩人が至るところにあふれている。ちなみにヨーロッパでは少し前まで文学の最高峰の表現は小説や散文ではなくて詩であり、詩人は別格の存在でした。

そう考えると、詩人だらけの日本という国がいかに素晴らしく、「有り難い」ことかわかると思います。

詩こそ目にしたものの触れたもの、感じたものに驚き、素直に表現したもの。50歳を過ぎたからこそ、自分の中の詩心を意識し、かき立ててみることをお勧めします。

お勧めブックガイド③

『坊っちゃん』

夏目漱石　新潮文庫

漱石の初期の代表作。中学の数学教師として四国に赴任した〝坊っちゃん〟だが、学校内のさまざまな矛盾に悩み、反発する。若いが故の純粋な行動力がどこかユーモラスで憎めない。理想に燃える若者が現実に葛藤し挫折する姿は永遠のテーマで、今も多くの読者の共感を呼ぶ。

『マルタの鷹』

ダシール・ハメット　小鷹信光訳
ハヤカワ・ミステリ文庫

ある日、私立探偵サム・スペードの事務所に若い女から依頼が。ところが調査中にさまざまな事件とトラブルに巻き込まれ、相棒までが亡くなってしまう。女の依頼には何か裏があったのか……。やがて、主人公は黄金の鷹像をめぐる争いに巻き込まれていく。

『おくのほそ道（全）』

角川書店編　角川ソフィア文庫

俳聖芭蕉の傑作である『奥の細道』。奥羽・北陸を旅した時の芭蕉の名句、日記を全文掲載。辿った場所、俳句を詠んだ場所を写真入りで紹介する。ふりがな付きの現代語訳と原文で朗読にも最適。

4章　毎日の「向上感」が新しいアイデンティティをつくる

◆1周目のモチベーションを持てなくなるのが2周目

人生の1周目のモチベーションは何だったでしょう？　50歳までの人生を生きるエネルギー源は何か？

一つは社会的な地位や肩書があります。会社で出世して課長や部長になり、さらに役員まで目指す。それがモチベーションになる。

あるいはお金というものもあるでしょう。地位や役職が上がるにしたがって収入がアップする。それが大きなモチベーションになります。

会社での肩書だけでなく、周囲の人に認められたいという承認欲求も大きい。他者から賞賛され評価されるということは、人間が社会的な動物であるがゆえに非常に大きな意味と価値を持ちます。

家族も大きなモチベーションになります。結婚して子供ができ、家族を養い育てることも人生のエネルギーになる。

いずれにしても、1周目に大きな意味を持っていたこれらのことが、2周目から変わっていくということがポイントです。1周目にモチベーションとなっていたものが一つ一つ失われたり、変質したりしていく。

地位や役職、お金、周囲の評価、家族……これらのことが変わっていくのが50代です。その変化を敏感に察知し、柔軟に対応できるかどうか？　状況の変化を受け入れ、自分自身のモチベーションをどこに置くか。

人生のシフトチェンジを迫られるのが50代だと思います。これまでトップギアで加速していた生き方を、シフトダウンし、ゆっくりながら力強く進んでいかねばなりません。

ところがなかなかこれがうまくできない人がいます。するとモチベーションを失ったまま、自分の存在意義を見失ってしまう。いわゆるアイデンティティ・クライシスが起きがちです。

それがひどくなると、うつ病などのメンタルの病に至ってしまう。

◆まず肩書や地位への執着を捨てる

人生1周目の原動力となっていたモチベーションやアイデンティティを見失わないために、まず、地位や肩書に依存しそれに固執することからシフトチェンジしましょう。

50代以降、職場環境は大きく変わります。役職定年になって役職から離れたり、再雇用となると、責任ある仕事から外されます。かつては組織のリーダーとしてスタッフを動かしていた立場から書類作りなどの単純作業に回されると、プライドを傷つけられ、目標を持てなくなり、モチベーションを失ってしまいがちです。

個人としては酷な話ですが、組織としては致し方ない部分があります。ずっと同じ人物が課長なり部長で頑張っていては、次の世代が活躍する場所がありません。

今の時代、役職定年や再雇用を迎えられるならいいほうかもしれません。

会社が倒産したり、リストラされてしまえば、それこそ肩書どころか行き場所も、稼ぎ場所も失ってしまいます。

地位や役職は50歳以降は一気に色褪《あ》せるか、消えてしまう。それが2周目の現実です。

ここで変化を受け入れられず、「どうしてこんな目に遭わないといけないんだ！」と被害者意識にとらわれてしまうと、思考が固まりどんどん悪いほうに流れてしまいます。

若い頃からずっと頑張ってきた自分、それなりに成果を上げ評価されてきた自分もいるでしょう。しかしそれは人生の1周目での出来事。過去にとらわれることなく、2周目に入った新しい人生の現実を受け入れ、新しい価値観と基準を自分の中で作らねばなりません。

ビジネスパーソンである限り、一握りのエリートは別にして、ほとんどの人が50代でこの潮目の変化にさらされるのです。自分ばかりが不条理な思いをしていると考えるのではなく、皆同じ境遇の中で人生の2周目の目標やモチベーション、アイデンティティを模索していると考えましょう。

◆男性の方がアイデンティティ・クライシスに陥りやすい

一般的には、男性に比べて、女性は社会的な地位や肩書にそれほどこだわりません。キャリアのある女性は、それほど地位や肩書に依存している感じがしない。男性の方が組織のポジション、肩書や地位にこだわる傾向が強いのです。

私は社会人相手の市民大学などでも講義をしていましたが、受講生が自己紹介などをする際、職場での自分の肩書や経歴を滔々《とうとう》と話す男性に遭遇します。そんな時、他の女性受講生たちがどんどん「引いて」いくのが手に取るようにわかります。「そういう話はしないほうがいいんだけどなぁ」と思ってしまいます。

一般に男性は2周目で肩書を外され、ラインから外れたときのショックが大きい。女性は比較的立ち直りやすい。ですから男性は特に50歳少し前、40代後半から、会社などの属している組織での肩書やポジションがなくなった時のことをシミュレーションしておくことをお勧めします。

会社の仕事は、続けたくてもやがて限界が来る。そこからの自分をどう方向づけ、マネジメントしていくか？　今の会社で専門職として身につけたスキルを活かして、転職あるいは独立するのか？　それとも本業に差し障らない範囲で副業を始め、定年後はそちらにシフトするのか？

インターネットの発達した今の社会では、思わぬものが仕事に変わる可能性があります。趣味で始めたものが仕事になり、2周目の収入源になったりすることだってあるでしょう。

そして50歳になったら具体的に準備を始めるのが理想です。その準備がないまま配置転換やリストラなど急な組織内の環境変化に直面すると、自分のモチベーションとアイデンティティが保てなくなる。「アイデンティティ・クライシス」という、歓迎すべからざる客がやってきます。

◆「承認欲求」は人間にとって意外に大きい

じつは地位や肩書はもちろんですが、お金にしても評判や名声にしても、あるいは家族との関係にしても、その背後に共通する欲求が「承認欲求」です。人間は社会的な動物ですから周囲の評価や評判、名声や名誉を求めます。

会社の中で、能力があり必要な人材だと思われたい。お金を持っていて裕福に暮らしていると周囲から思われたい。家族の中でかけがえのない存在であり愛される存在でいたい……。

結局は誰かから自分の存在を認めてほしい、重要で大切な存在だと思われたいという気持ちが、これらのモチベーションの根源にあるのです。

ちなみに心理学者のアブラハム・マズローが提唱した有名な「欲求の5段階説」によると、この「承認欲求」は人間にとって重要な欲求であるとされています。

彼によると、人間の欲求は低次の段階から高次の段階まで5段階あります。

①「生存の欲求」＝動物として命を保ち、生存したいという欲求
②「安全の欲求」＝危険がなく、安全に、安心して生活したいという欲求
③「愛と所属の欲求」＝集団に属したり、パートナーや仲間を求める欲求
④「承認欲求」＝他者から評価されたい、褒められ認められたいという欲求
⑤「自己実現欲求」＝あるべき自分になりたい、成長したいという欲求

①から⑤までそれぞれ、その段階をクリアしないと次に進めないとしています。つまり、命の危険がある②にいる段階では、趣味のサークルに入りたいとか友達が欲しいといった③の欲求は出てこないということです。

ちなみに「承認欲求」は細かく分けると「他者承認欲求」と「自己承認欲求」に分かれていて、マズローの言う「承認欲求」は「他者承認欲求」と考えてよいでしょう。「他者承認欲求」とはその字のごとく、他人からの承認ということ。「自己承認欲求」は自分で自分のことを認めることです。職場でもプライベートでも、私たちが社会生活の中で求めている承認欲求は、ほぼ「他者承認欲求」であると考えてよいと思います。

いずれにしても、承認欲求は人間にとって非常に重要で強い欲求です。

たとえば名誉職という言葉があります。実質の地位や肩書ではなく、名誉職だからいくら報酬をもらえるというものではありませんが、一種のステータス、権威があります。

長嶋茂雄さんはジャイアンツの終身名誉監督という称号を得ています。長嶋さんくらいになればそんな称号など必要ないほどすでに国民的スターですが……。

印象深かったのは、ある大学の先生がお辞めになるときに「やっぱり『名誉教授』でも、ないよりはある方がいい」と本音を漏らしていたことです。

やはり人間はいくつになっても名誉が欲しい動物なのです。名誉教授になったからといって、それが即収入につながるものではありません。お金よりも時には名誉、他者からの評価が価値を持つことがあるのです。

◆他者承認から自己承認へとシフトするのが2周目

ちなみに同じ心理学者のアドラーは、幸せに生きるためには「他者承認欲求」は不要であり、むしろ妨げになると考えています。「他者承認」に気を取られると、他人の評価を気にし、その評価を得るために生きるようになります。

アドラーは、それでは自分の人生を生きていることにはならない、すなわち本当の幸福に至ることができないと言います。大事なのは他者の評価に依存せず、自分の中の尺度、価値観に従い、自分で自分を評価する力をつけること。

真に自立した人とは、他者の評価によって自分を判断したり価値づけるのではなく、自分で自分を価値づけることができる人ということになります。それができて初めて自由に自分の人生を生きることができるというのです。

そう考えてみると、人生の1周目、50歳までは「他者承認」＝「他者評価」が主流であり、他者に認められるかどうかが一番の課題でもありました。たとえば学校で良い成績を上げ良い大学に入るということは、学校や大学のテストなど、他者が作った基準によって判断されていたということでしょう。

社会人になったら、営業成績を上げたり、売り上げを上げて会社に利益をもたらしたり、会社や組織が作り上げた仕組みと価値基準に合わせていたということです。

もちろん自分なりの目標設定は作るとしても、会社や自分を取り巻く組織、社会の基準を基本にした上で作られたもので、そこから外れるものではありません。上司の覚えが良いか悪いか、人事考課でどんな評価を得るか、地域や世間からどういう目で見られているかなど、他者の評価を基準にしています。

2周目に入ると、多くの人たちは1周目のレールから外れていくことになるのですが、それは他者承認の世界から一歩踏み出すことだと言うことができます。

1周目のレールから外れるということは、ようやく自分の人生を生きる場が生まれ、時間が始まることだと考えられます。

◆1周目の他者承認欲求から私たちが学んだこととは？

人生の2周目は「自己承認」によって真に自立した人生を取り戻す周回だと言えます。

多くの人が1周目をすごしてきた「会社」というのは、営業であれば、売り上げと人事考課、報酬が基本的には比例するという形で、評価が恐ろしく一元化されているのです。人柄が良いから、教養があるから、親御さんの介護を献身的にしているからといって、売り上げが2倍ある人と同じ報酬を得られるというケースはまずないでしょう。

成果がすべて。それ以外は評価としてはおまけ程度なのです。

もちろんビジネスですから、これは良い悪いの問題ではなく、必要なことでしょう。教養があるからといって売り上げと報酬が逆転したら問題です。

しかし2周目に入ったら、もう自分という存在、人生のすべてを一元的な「会社からの評価」「ビジネスにおける有用性」だけで値づけする必要はありません。むしろ私など、市民大学で過去の役職について滔々と語り、場を白けさせる「2周目ランナー」を見ていると、「いつまで会社や上司からの評価に依存して生きていくのですか?」と言いたくなることがあります。

学生時代、自分を「ビジネスで有用かどうか」だけで一元的に評価されるなんてごめんだ、と思った人は多いでしょう。ほとんどの方がそうだったのではないでしょうか。

しかし働くうちに、そんなことは言っていられなくなります。社会や会社に貢献する喜びも知り、「やっぱり仕事だ！」となる。それは1周目にはある意味必要だし、大変な力を生み出す源になります。

そういう1周目をしっかり走ってきて、いま私たちは2周目にいる。

この2周目は、他者の評価に依存せざるをえなかった1周目とは生き方を変え、自分の人生を会社や上司から自分の手に取り戻すことができる周回なのです。真の人生の満足と幸福を得られる周回です。

環境が急激に変わるということで、戸惑いや葛藤、金銭的な問題など、いろんな意味で困難は多いのですが、それでも余りある価値があるのが人生の2周目だと思います。

とはいえ私は「他者承認」が不要とも考えません。社会的な存在としてより有用な人材になるためには、一定の年齢、一定の時間、他者承認を軸にして、他者の視線、感覚や要求を最低限知っておく必要があります。

たとえば若い作家は、えてして自分の世界に閉じこもり、独りよがりな作品を書きがちです。自分の内面世界を描くのはよいのですが、他者とのつながりを軽視して他者の理解を拒むような作品を書く若手作家が往々にしています。

そういう作家は、他人にわかりやすく書くのは一種の妥協であり、真に自分の書きたいものが書けなくなると考えがちです。しかし芸術というのは作品を介して他者と向き合うものです。小説も、それをお金を出して買おうとする人がいるから成り立つ。

どんな芸術作品も、また芸術活動も、他者との関係性を抜きにしては存在しません。

モーツァルトにも、クライアントがいたのです。

ビジネスもまた、芸術以上に他者との関係で成り立っています。消費者やクライアントの感覚や要求、欲望など、他者の価値観と基準をまず理解し、それに合わせなければ成立しません。

人生の1周目が他者承認を重視し、他者の評価や基準に合わせることが中心になるのは、自分の中に他者の目線を取り込むという意味で重要であると考えます。

その中で仕事なり生活なりをしてきたのですから、もう他者の視点、基準がどういうものであるかは十分身についているはずです。言い換えれば、独りよがりではなく、他者の視点、目線で客観的に自分を評価する力を身につけているということです。

人生の2周目は、他者基準から自分基準へとシフトして生きる時期。会社の評価で自分の価値を判断するのではなく、自分自身の評価で自分の価値を判断する。

問われるのは、そこにどのくらい説得力があるかです。

自分基準といっても、ただの独りよがりや自己満足、自信過剰や頑固なだけのこだわりではいけません。

良識ある他人、心ある他人が見れば「それは価値があるね」とわかってくれるようなものに対して、特に誰かがほめてくれなくても自分で「価値がある」と認め、納得して生きていける力を持つ。それができるのが、人生の2周目なのです。

◆2周目こそ、他者からの評価が「生きる力」になる

私は人生の2周目には他者評価＝他者承認は要らないとは考えていません。他人に認められること、受け入れられること、「他者承認欲求」は、やはりいくつになってもモチベーションとして必要で、侮れない力を持っています。

2周目に入ったからといって、私たちは完全に出家して俗世から離れるわけでない。現実社会を生きている以上、人から認められたい、評価や評判を得たいという気持ちはなくなりません。

そこで評価や評判を少し考え直してみましょう。1周目のように会社の評価、ビジネス

社会における仕事の評価にすべて託す必要はもうないし、リタイアすればそれは難しい。それ以外のところで評価や評判を得ることを考えるのです。

地域貢献やボランティア、趣味のサークルの中で、他者から認められるということは大きな生きがいになります。いくつになってもやはり、多少の競争心や色気というのが生きるエネルギーにつながります。

極端な話、麻雀や釣りが上手だとか、将棋や囲碁が強いだとか、あるいはバンドをやっていてドラムやボーカルが上手くて周囲に認められるとか、ビジネスや仕事以外のところで自分が輝ける場があることが、大きなモチベーションになります。

自分の得意分野で人より一歩先んじることで他者から認められ評価されるということが、2周目を前向きに生きるポイントでもあります。アドラーが言うように他者承認、他者評価がすべてマイナスになるとは、私は考えていません。

結局、バランスの問題でしょう。

1周目は、他者評価を基準にして他者からの承認欲求を満たすのがモチベーションでした。2周目は軸足をずらし、自己評価を基準にして自己承認欲求を満たす、つまり1周目をしっかりと走り、客観的な評価眼を養ってきた自分自身に認められ、ほめられるような

毎日をすごすことに重心を置く。

モチベーションの軸足を少しずつずらしていく。評価をこれまでのような会社一辺倒、ビジネスに一元的に託すのではなく、評価基準を多角的に増やしていくことがポイントになると思います。

◆昔取った杵柄《きねづか》を思い出してみる

承認欲求を満たす一つの方法として、昔自分が好きだったこと、のめり込んでいたことを思い出し、再び取り組んでみるということがあります。学生の頃テニスをしていたけど、社会人になって忙しくてできなかったとか、山登りが好きだったけどもう30年もご無沙汰しているとか、「自分は本当はこれをやりたかった」「そういえば昔こんなことに熱中していた」というものに再び取り組んでみる。

ブランクがあっても、心のどこかに情熱が残っているものがあるはずです。それをもう一度掻《か》きおこしてみる。火種のようにくすぶっているものが、再び炎となって燃え上がるかもしれません。そういうところに意外に自己承認、自己評価ができるものが眠っている。

私の知人で山登りが大好きな人がいます。大学の教員をしながら登山しているのですが、山小屋を整備する活動をライフワークにしています。山小屋は放っておくとどんどん荒れてしまう。彼はそれをボランティアで整備しているのです。

当然のように登山関係者たちから賞賛されるでしょうから、他者承認欲求が満たされます。それよりも彼の場合は「俺はやるべきことをやった」と、自分で自分の行動に納得して評価しているはずです。

自分が山小屋を守っているという意識、登山者たちのためになっているという意識、さらに登山というスポーツ、文化にも貢献しているという自己承認ができるようになる。

自己承認、自己評価は、自分に誇りを持つことにつながります。それがゆるぎない自信につながっているのです。

1周目の名誉が、名誉教授の肩書のように他者から与えられるものであるとすると、2周目の名誉とは、彼のように自分で自分に与えるものでもあります。

◆1周目の経験が「フェアな審判力」を育てる

若いうちは、なかなかフェアに自分を評価することができません。自分を過大に評価するか、逆に過小に評価する。その間を行きつ戻りつという揺れ動きが激しいのが「若さ」

です。私自身がそうでしたし、学生たちを見ていても感じることです。

それが歳を重ね、経験を積み、さまざまなものを見て知ることで精神的に成熟します。次第に公平な判断、フェアで安定したジャッジ、審判ができるようになります。

アダム・スミスは、『道徳感情論』で、中立的でフェアな審判的存在を自分の中に持つことの重要性を説いています。

自分で自分を正当に評価できるのが2周目の特権。その特権を生かすことで、たとえ周囲から注目されたり特に目立った評価をされることがないとしても、自分で自分を評価できる。他者の基準、他者の評価ではなく、自分自身のジャッジですから、これは強い。

経験を積んで成熟することで、いろんな角度で評価することができるようになります。「ほめ上手」という言葉がありますが、それは他人の良いところをたくさん見つけられる人のことです。

「彼は仕事は少し遅いけれども慎重で確実だ」

「彼は言動が軽いけれども周囲を明るく盛り上げてくれる」

……売り上げを上げる上げないというたった一つの尺度ではなく、さまざまな尺度で人を評価できるかどうか。それを指摘して相手のモチベーションを上げられる人が「ほめ上手」ということでしょう。

私も学生たちと一緒にカラオケを歌うことがあります。最近はカラオケの点数機能で歌った後に自分の点数が出ます。学生たちは皆上手で、90点くらい平気で出します。私は恥ずかしながらどんなに頑張っても70点台止まりです。

ただ、その中でも「抑揚」だけはいつも高得点なんですね。すると学生たちが「先生は抑揚の鬼ですね！」「感情が入っていていいですね！」とほめてくれます。半分は慰めてくれているのだとわかっていても、うれしい。

実際に、歌の良さは機械による点数だけでは測れません。プロの歌手が自分の歌を歌っても100点は取れない。最近、カラオケの採点を競うテレビ番組が人気ですが、あそこで1000点近い点数を取っている素人は、確かにうまいけれども「味わい」は未知数です。

その点プロは、たとえ多少テンポがズレていても、癖があっても、それが聴く方には何とも言えない味わいになります。味わいや趣きは、機械では点数化できません。

そういうものがわかるようになるのも、ある程度歳を重ねてから。数字という表面的なものではなく、その背後にあるニュアンスをどれだけ拾うことができるか？

2周目に入り、経験を積んだからこそ、その微妙な違いがわかるのです。いってみれば、

「機械による採点」は、1周目の会社や上司からの評価に、機械では点数化できない「味わいや趣き」は「2周目に入り、フェアな審判力を持った自分自身による評価」に例えられると思います。

◆多元的な価値観で評価することが大事になる

フェアに自己評価できる人は、フェアに他者を評価することができる人でもあります。

50歳を過ぎると同窓会など友達同士の飲み会が増えます。60歳近くなると、社会的な地位や肩書がすなわち人生の成功とイコールではなくなることを実感します。**たくさん稼いでいるから尊敬されるかというと、そうではなくなるのです。**

若いうちは比較的そこで評価しがち。しかし歳を重ねてくると見方が変わってくる。趣味にしても何にしても、**確固とした自分の世界があって、そこで自分を確立している人物が評価されリスペクトされるようになってきます。**

カラオケに行ったら歌が上手い人が認められるし、テニス大会に行ったらテニスが上手な人が認められる。場所が変われば評価の基準も変わるし、評価される人も変わる。

その多様性を認めることができる人、そういう人たちを素直に評価できる人が成熟した人でありフェアな人です。

じっさいに、私が料理教室に行ったらはるかに料理の上手な女性たちがいて、私などは下っ端でしょう。いい大学を出て大企業に勤めた人ほどエリート意識から、そんなわかりやすい現実がなかなか認められません。つまりフェアに評価できない。

他者をフェアに評価できない人物が、どうして自分をフェアに評価することができるでしょう? 競争心がいつまでも強く、独りよがりな人は、他者を素直に認め評価することができません。

◆競争原理から外れることで新たなジャッジメントの力がつく

人生2周目に入った良さは、1周目のような競争社会から一歩外れられること。競争社会の中ではなかなか相手の良さを認めてほめることが難しかった。でも2周目はそれが素直にできるはずです。

いつまでも自分が1番、俺の方が優れていると言い続けている人は、だんだんと人から相手にされなくなります。それは成熟がない、精神が幼いままだからです。

成熟というのは相手を認める、自分のいいところも悪いところも含めて受け止め、認め

ることができる力だと言い換えることもできます。

一流の人物ほど、他人を素直に認めることができるとも言えそうです。スポーツのライバル関係などはその典型でしょう。サッカーの例で言うならば、かつてスペインのリーガ・エスパニョーラでFCバルセロナとレアル・マドリードでライバル同士だったリオネル・メッシとC・ロナウドの関係です。

メッシもロナウドも天才プレーヤーであることは周知の事実です。どちらが世界最高かではなく、どちらが史上最高の選手かを争っている関係なのです。当然、危険なほどのライバル関係ではと誰もが思います。ところがメッシは、ロナウドがイタリアのユベントスに移籍することが決まると、「ロナウドがいなくなることがとても寂しい」と心情を吐露します。

もちろんライバル意識はあったでしょうが、同時にロナウドを認め評価しているのです。彼は歴代のベストイレブンを選んだのですが、その中に自分もロナウドも入っていません。それはロナウドが別格であることを知っているからです。

メッシはロナウドをそれだけ評価している。そして自分自身も、ロナウドと同様に別格だと評価している。それは彼がプレーヤーであると同時に公平な観察者、フェアな審判者の域に達しているからだと思います。

◆他人を認めるフェアな審判力が自分を助ける

他人の良いところを素直に認め、実際に声に出して「いいね！」と言ってみましょう。するとスッと気が楽になります。

競争心や嫉妬は自分の心を固くし、不自由にさせます。声に出してほめることで、その縛りからフッと自由になれる。するとよりフェアな気持ちになることができます。

先日、あるテレビ番組から出演オファーがありました。難しい語彙をどれだけ使って物事を説明できるかという番組です。対戦形式だというので、ちょっと疲れるなと辞退しました。すると「ならば戦いを解説するならどうですか？」と言うので、それなら気楽だからとOKしました。

出演者は東大卒で俳優・弁護士の本村健太郎さん、東大王チームの水上颯《そう》君、東大法学部首席卒業で弁護士の山口真由さん、それに言語学者の金田一秀穂さんという錚々《そうそう》たる面々。

そういう人たちがたとえば「チーズバーガーを難しい言葉を使ってほめる」というバト

ルを繰り広げるわけです。
それはそれは、とてつもない語彙力のぶつかり合い。普通の人には聞いたことのない四字熟語が連発されていました。私は解説で正直に「いやー、私ではパッと出てこない言葉ですね」「これは知らなかった」と認めました。「どうですか、先生も参加しませんか?」とMCが聞くので「私なんかボコボコにされますから遠慮します」と。

相手に感心したら、素直に称賛した方が気持ちが楽になります。

負けたくないという小さな自我から離れること。ちっぽけな自我がどんどん膨らんでしまうと、物事を素直に認められなくなります。フェアな判断ができなくなる。なにより、それではいつも肩肘張っていなければならず、しんどい。

勝ちたいとか自分を大きく見せたいという競争心、見栄や体裁は自我に執着するところから生まれてきます。執着するほどそれは膨らんでいく。それが嫉妬心や妬《ねた》みなどに変化し、心の柔らかさを奪い、かたくなにしてしまいます。かたくなになるほど自我に固執するようになります。

できるだけ早めにその悪循環を断ち切らなければいけません。先にふれた、中高年男性が多い講演会での「この空気は何ですか?」と言いたくなるような固さ、重さは、このあたりにも原因があるように思えてなりません。

その一番の方法は相手を認めること。素直に相手をほめ称《たた》えることです。ほめることで自分を覆っていた殻が一枚破れる。それによってモヤモヤした霧が一気に晴れ、世界がよりクリアに見えてくる。

50歳を過ぎて2周目に入ったら、フェアな審判力を持っていることが自分の力になるだけでなく、救いにもなるのです。

◆「審美眼」を持つことが2周目のポイント

フェアな審判力を身につけるために、「審美眼」もまた重要な要素だと考えます。

たとえば**松尾芭蕉**。彼は俳人として自分の特徴や良さを誰よりも認識していたはずです。もちろん他人や弟子たちから賞賛され評価されることもうれしいでしょう。しかしもっと厳しい審判者が自分の中に存在していた。

オスカー・ワイルドの言葉に**「優れた芸術家は優れた批評家でもある」**というのがあります。審美眼がしっかりしているからこそ、たとえ自分の作品でもダメなものはダメ、良いものは良いと公正な評価ができる。

美という概念は主観的なようでいて、じつは客観的なものでもあります。独りよがりのものではなく、万人に共通するある種の感性、感覚だからです。

それが「審美眼」です。

「審美眼」は一朝一夕につくられるものではありません。たとえば自分が絵を描かなくとも、古今東西たくさんの名画を見ることで、絵の良さが自然にわかってきます。陶器の良さも最初はわからなくても、たくさんの作品を目にし、手にすることでだんだんその良さがわかるようになります。

良いものに触れる、一流作品に触れることで二流三流の作品、陳腐な作品と自然に見分けがつくようになる。どんなに上手に描いていても素人の絵は素人の絵だとわかってしまう。

古美術のある有名な鑑定人の方が言うには、鑑定に際して知識や情報はかえって妨げになるそうです。それよりも見たときに感じる一瞬の感覚、感性に従うとか。

贋作《がんさく》は本物に似せようとするので、どんなに上手に作られていても、どこか全体に媚《こ》びた感じ、ある種の「いやらしさ」「下品さ」が漂っているそうです。それを感じたら偽物、贋作だと判断する。

理屈ではない、その作品に漂ういやらしさ、下品さを瞬時に見分ける力こそ審美眼なのです。美の基準がはっきりしていると、自分だけでなく他者も公平、公正にジャッジすることができるようになります。なぜなら美という概念自体、すでに自分だとか我といったちっぽけな概念を超えたものだからです。一流の芸術家の生きざまが潔いのは、彼らが美という壮大な価値観の中で生きているからです。

ビジネス社会の忙しさの中で、ついつい美という価値観から遠ざかってしまいがちな1周目の人生ですが、2周目は美、芸術の世界に触れ、その価値観を身につけるのに絶好の周回なのです。

◆「向上心」ではなく「向上感」を持とう

「審美眼」を持ち、美を意識することで、私たちは自分を高めたいという気持ちを自然に持つことができるようになります。これは1周目のビジネス社会で培われた競争心や向上心とは種類が違うものです。

1周目は他人に勝ちたい、自分が優位に立ちたいというモチベーションから頑張ります。しかし審美眼を持ち、美しくあること、美しく生きることへのモチベーションは、他者に勝つことではなく、自分自身が美に近づきたいという気持ちから生まれます。

ですから私はあえて1周目を「向上心」と呼ぶのに対し、2周目の「審美眼に基づく高まりたい気持ち」を「向上感」と呼びたいと思います。

「向上心」ではなく「向上感」を持つ。自分の中にある美意識が自分を高めてくれる力になります。たとえば、わかりやすい日常生活のシーンで言うなら、健康的な身体を保つためにジムでエクササイズする。

といっても、ムキムキになるまでやる過酷なものではありません。

身体を動かし食事に気をつけることで以前よりもお腹がへこんだ。ズボンが少し緩くなった。こういうことも「向上感」の一つでしょう。そうやって日々少しずつ努力することで、身体を美しく保ちたいと思う。

美意識が高まれば、自然に自分の行動も律することができるようになります。美しさという一つの理想像が生まれることで「こういうことは絶対にしない」とか、「こういうふうに行動しよう」という自分なりの基準ができてきます。それをクリアしていくことで、自分に納得感が生まれてくる。自分で自分を正しく評価することができるようになります。

井上陽水さんはシンガーソングライターとしてまぎれもない天才ですが、NHKの番組のインタビューで「今は歳を取ってきて、ようやくどれがいい歌かわかるようになってきた」と言っていたのには驚きました。

解説者のような感じで客観的に他のアーティストの作品を聴ける。そして素直に「これはいい歌だ」と思えるようになったというのです。

天才である陽水さんでも、若い頃は、なかなか客観的に他人の音楽を聴くことができなかった。天才であるがゆえにそうだったのかもしれません。

それが年齢とともに円熟することで、自我から離れることができるようになった。おかげでフェアに審判できるようになったということでしょう。音楽というものの良さをあらためて俯瞰《ふかん》して感じることができる。つまり世界がより広がったというのです。

世の中も、人の能力や才能もじつに多元的です。あるがままに見渡せば、そのことが自ずとわかるはず。1周目は競争社会の中で一元的な価値観を嫌でも持たされましたが、2周目はその軛《くびき》から逃れることができるようになります。

フェアな審判力をつけ、世の中をありのままに受け止めることが、審美眼や向上感を生み出すきっかけになる。人生の2周目こそ、世界は大きく広がるのです。

お勧めブックガイド④

『「承認欲求」の呪縛』

太田 肇　新潮新書

「いいね！」が欲しいばかりに必死でSNSを続ける若者。職場での評価を気にして嫌な仕事を断ることができず無理を重ねて身体を壊してしまう人たち。人間は「承認欲求」によって動いている。老若男女、誰もが持つその欲求を上手にコントロールする方法とは？

『［改訂新版］人間性の心理学』

A・H・マズロー　小口忠彦訳
産能大出版部

人間の欲求には低次の「生存の欲求」から高次の「自己実現の欲求」まで5段階に分かれている。有名な欲求の5段階説を唱えたマズローの心理学。現代を生きる私たちに欠けているもの、求めているものが見えてくる。

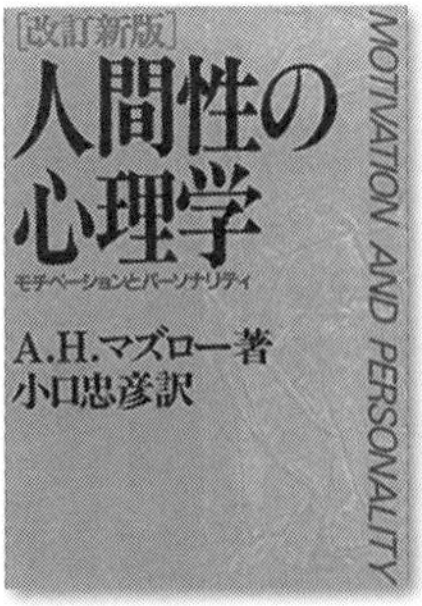

『道徳感情論』

アダム・スミス　高 哲男訳
講談社学術文庫

『国富論』でアダム・スミスは経済学の父と呼ばれるが、じつは優れた倫理学者でもあった。彼は社会のなりたちに個人の自己愛や利益追求の願望とともに、人間同士の「共感」が大きなウエイトを持っていると主張する。調和のとれた社会とは何か？　今の時代こそ必要な名著。

5章

「お金」の考え方、使い方を整理する

◆2周目に入るとお金の比重が軽くなる

人生の2周目はお金に対する考え方、付き合い方も変わってきます。1周目はお金はとても切実な問題でした。独身時代、親元を離れて一人で生活するのも、結婚して家族ができてからも、つねにお金の問題が付きまといます。

若い時は特に年収の額を意識するものです。20代、30代は友達同士で集まった時など、誰がどんな会社に入って、どれだけ収入があるかがそれとなく話題になります。

私も30歳前後で、そういう同窓会に居合わせたことがあります。

当時、私は今のように教育者でもなければ、本を出しているわけでもありませんでした。大企業でバリバリと働いている友人たちに比べて、自分はしがないアルバイト生活。定職についていなかったので、せいぜい年収200万円くらい。同級生の中で一番年収が低かった。

自分の中では「そのうちに稼ぐようになってやる」という自負や自信はありましたが、しょせん実績の伴わない自信ですから、虚しいものです。

その時の同窓会は嫌なメンバーではありませんでしたが、「ちょっと面倒だな」と思ったのを覚えています。若いうちはどうしてもお金だとかキャリアだとかを競い合う意識があるのだと思います。正直な話、若い頃は同期の人たちと会うのが苦痛でした。

2周目に入るとどうなるか？　たしかに老後の資金は必要だし問題になります。金融庁が、老後に必要な資金は、年金だけでは夫婦で平均2千万円不足すると言い出し話題になりましたが、誰もが年金だけで人生100年時代を生きていけるとは考えていません。必要なお金がいくらかはしっかりと計算する必要がありますが、それ以上のお金は特に必要なくなるのも2周目でしょう。

2周目に入ると、同窓会でも、年収の額とか、財産の額で測られることはほぼなくなります。財産の額で言うなら、結局親が金持ちで資産家の人が一番偉いということになります。そういう人間がリスペクトされるかというと、決してそんなことはありません。

では自分の実力で会社を興すなどして経済力のある人がリスペクトされるかというと、これもそうでもありません。

というのも、2周目に入ると先が見えてきます。一代で何十億稼いだところで、70歳を迎えたら、せいぜいどんなに生きても残りは30年でしょう。下手をすると10年かもしれないし、突然病気になって5年先もどうなるかわからない。

極端な話、3日後に亡くなるという人にとって、お金は意味をなしません。20代、30代は、まだまだ先が長くて、扶養家族もいる。人生に対する期待値も高いし、欲も強い年代ですから、お金はたくさんあるほどいいと思うでしょう。

でも、人生2周目に入ると、もう残り時間が長くはありません。子供も手を離れたとなれば、そんなにお金をたくさん稼がなくてもいい。もちろん生活するだけの最低限のお金は必要になりますが、何億、何十億ものお金は必要ありません。その事実が、評価の基準もがらりと変えている。そのことを、特にこれから2周目に入る人は知っておいてほしいと思います。

◆武士は世界でも稀有な支配層だった

60歳を超えて、いまなお20代の頃のようにお金に執着している人、必死に富を集めている人は、もはや社会の害悪だと思います。

国際NGO「オックスファム」の調べによると、世界の資産家の上位8人が、世界の人口のうち、経済的に困窮している下から半分の約36億人の総資産と、ほぼ同じ額の資産を保有しているそうです。この状態は健全とは言えないでしょう。

グローバリゼーションの流れの中で、世界はますます2極化が進んでいます。資本主義の絵に描いたような弱肉強食の世界は、決して美しい世界ではありません。欲とエゴをむき出しにした生き方は尊敬できるものではない。

人生の1周目は、資本主義社会の論理の中で生きざるをえない部分がありますが、2周目に入ったらその論理から一歩引く。違う価値観、もっと人間的な価値観に重心を置くべきだと思います。またそうならなければ少々寂しいのではないでしょうか。

その点、日本の武士たちの価値観は素晴らしかったと思います。彼らの価値観の中では、お金はほとんど重要ではありません。優先順位がとても低かった。その証拠が「士農工商」という序列です。

職業の中で、お金儲けをする商人が一番低く見られていた。殿様は豪奢《ごうしゃ》だといっても、西洋の貴族や支配層に比べれば質素なものです。「武士は食わねど高楊枝《たかようじ》」と言うように、お金のことはとやかく言わない。実際は商人の方がずっとお金持ちで、地方の藩などは庄屋や商人から借金をして財政をなんとか維持していたわけです。

支配層が富を独占しないどころか、富にこだわらないという社会は、世界史の中でもそうあるものではありません。

社会のトップにそういう明確な倫理観と美学があったからこそ、明治維新のような大改革ができたのだと思います。武士は自己保身、自分の利益を優先しようとはしませんでした。だからこそ武士は自ら武士の時代に幕を引くことができた。武士を辞めることができたのだと思います。

廃刀令も廃藩置県も、それまで権力を握っていた彼らは目立った反乱を起こすことなく従いました。自分たちの利益だけを考えていたら、絶対にあのようにスムーズにはいかなかったでしょう。

江戸城の無血開城、大政奉還という世界史的に見ても稀《まれ》な平和的な革命は、武士という、損得を超えた行動美学を貫く人たちが支配層であったからできたと考えられるのです。

◆一休と良寛にみる我欲を超えた生き方

そもそも日本の歴史を見ると、我欲を超えた生き方を貫く先輩たちがたくさんいます。お金にこだわらず超越して幸せに生きた貴重な先達がいます。前にも触れた一休や良寛といったお坊さんたちなどは、その典型例でしょう。

彼らから見ると、お金にこだわっている人たちなど、全く取るに足りない人たちということになります。

一休はお正月の日に杖《つえ》の先に骸骨を付けたものを持って、「ご用心、ご用心」と村を歩き回ったそうです。人々が新しい年を迎えた喜びに浸っているそのさなかに、最も不吉で忌まわしいドクロを見せて歩く。「みんな、こうなるんだぞ」と。

私たちは歳を重ねるたびに死に近づいているのです。新年に浮かれるのではなく、年が明けたらからこそ気を引き締めなさい。近づく死をしっかりと見すえることが、まっとうに生きることにつながるということを訴えたかったのでしょう。

良寛は自分の寺を持つことなく、越後《えちご》の寒村のはずれに小さな庵《いおり》を建て、そこで1日5合の米だけでの生活を続けました。

現在の新潟県燕市国上山《くがみやま》に残る「五合庵」はそんな良寛の我欲のない、何ものにもとらわれない自由な生き方を象徴する建物です。

二人の生き方を知ると、お金に執着したり、人より豊かだとか貧しいとかいった見栄を張り合うような生き方が、いかに狭量で虚しいものか気づかされます。

一休の骸骨を思い出す。私たちの人生があと3日で終わると考えると、お金などいくらあっても意味がありません。枕元にお金を積み上げて誰にも渡そうとしない瀕死の老人を見たら、なんとも愚かしく思えるでしょう？

◆愛するものに囲まれて死にたい

死ぬ時は、愛するものに囲まれて死んでいきたいものです。愛するものは人間とは限りません。犬が好きな人は犬でもいい。盆栽が好きな人は盆栽でもいい。モーツァルトが好きな人は彼の珠宝の名曲でもいいのです。

人生の2周目、3周目で大好きになるものがあったら、それに囲まれて死ぬのは美しいと思います。私自身がそんな死に方をしたい。

若い頃、人生の1周目とは違う好きなものがある。1周目では味わうことのできない美しいもの、愛すべきものが見つかる人は幸いです。それがずっとお金だったら情けない。何のために生き、そして何を見て何を感じ、学んできたのか?

人生のラスト1周の「偏愛マップ」があるはずです。たとえば2周目でワインの味がわかるようになった。3周目で盆栽や植物の良さがよくわかるようになり、最後の最後で石の良さがわかるようになる。

人生の年輪を重ねることで愛する対象が変わっていく。若い頃は異性に熱を上げていた人が、歳とともに動物を愛するようになり、それが植物になり、最後は石になる。異性という生々しい欲望の対象から、動物、植物と次第に愛の対象が広がっていく。そして最終的には石という無機物にまで偏愛マップが広がっていくのです。

生から死へと向かう流れの中で愛する対象が変化する。それはむしろ自然なことであり、偏愛マップがずっと変わらない人の方がおかしい。若い頃と同じくお金や異性といった生々しい欲望だけを引きずっている方が不自然なことだと思います。

そう考えると、旅も、本も、映画や音楽、絵画、会う人などいろいろなものを、「一度見たからもうだいたいわかった」と片づけてしまうことが、なんとももったいないことに思えてくるのではないでしょうか。

自分の偏愛マップが歳とともにどう変遷しているか、どんな新しいものが入ってきて、どんなおもしろさや喜びが新しく加わってくるか。それを想像しながら旅に出たり人に会いに行くのは、1周目には望むべくもなかった、2周目だからこそ味わえる人生の醍醐《だいご》味だと私は思っています。

◆2周目は自給自足、足るを知る生き方を

論語の言葉に**「知者は水を楽しみ、仁者は山を楽しむ」**があります。水は流動的で、山は安定しています。いずれにしても優れた人は自然に親しむものだと言えます。人生の2

周目で山登りや釣りなど、自然の懐に飛び込んで楽しむ人が増えるのも当然のことです。

私の中学時代の恩師は伊豆に住んでいるのですが、自分の畑で野菜を育てて漬物を作ったり、魚を獲って煮付けたものを私に送ってくださいます。私はビールなどを送ってお返ししていますが、伊豆での先生の生活ぶりを見るにつけ、本当に充実した幸福な生活をされていると感じます。そこにほとんどお金はかかりません。

今の時代でも、都会から少し離れれば自給自足の生活が可能なのです。

お金は人生の充実感に必ずしも直結していない。むしろそれにとらわれることで私たちは不自由で窮屈な生活をしているのではないか？　そんなふうに気づき始めている人が増えているように思います。

まったくお金がないのは困りますが、ある程度あって、しかも地方で家庭菜園などすれば、十分暮らしていける。一見豊かに見える都会の消費社会のど真ん中にいると、お金がなければ何もできません。するとお金がなくなったらどうなるだろう？　とつねに不安が付きまといます。

そういう仕組みから一歩距離を置いてみる。いま転職してUターンしたり、リタイア後は自身やパートナーの実家で田舎暮らしをする中高年が増えているといいます。

人生の2周目を、どうしても都会で暮らさなければいけないということはありません。視野を広げていろんな可能性を考えてみましょう。意外なところに意外な抜け道があり、豊かに生きる方法が残っているのではないでしょうか?

◆莫大な財産を子供に残さず、すべて寄付した本多静六の生き方

明治時代の林業博士であり、造園家として明治神宮や日比谷公園などの設計をした本多静六は、投資家として巨万の富を築いたことでも知られています。彼は退官とともに財産すべてを匿名で寄付し、日本の公園造成に多大な貢献をしました。

「自分の子には家と、自分の力で稼げるための教育を与えればいい」という考え方で、それ以外の財産をすべて公共のために寄付した人です。生き方としてとても美しい。

下手に財産を残すと子にとって良くないと考えた。実際、財産があることで相続の際に揉めて、兄弟仲が悪くなったりするケースはたくさんあります。資産が莫大にあると働かなくても生きていける。そうなると気が緩んでしまう。

親から莫大な資産を相続したため仕事もせず、ギャンブルに手を出して借金を重ね、破綻した例を私も知っています。人生の1周目、まだ経験が少ないうちに、一生食べていけ

るような遺産を相続することは、時に危険なのです。

「小人閑居して不善をなす」という言葉があります。「小人」とは大したことのない人物という意味で、立派な人格者である「君子」と対比させて使われる言葉です。「小人」は暇があると、ろくなことをしない。働かないのはまだいいとしても、暇と時間を持て余した人物は、たいていなにか「不善」、すなわちよからぬことをしでかすものだというのです。

ギャンブルにハマったり、悪い仲間とつるんで遊びほうけたあげく、薬物などに手を出したり、欲望の赴くままに生きることで破滅の道へと進んでいく。

おそらく本多静六はその怖さを十分に知っていたのでしょう。だから自分の子のためにも遺産を残さない。すべて世の中に寄付した。

ただし何もしなかったのではありません。

わが子が自力で稼げるようになるための教育には十分お金をかけた。親から子へ、してあげられることの一番は教育だということです。

いずれにしても、お金のありがたみとともに、お金の怖さを知っているのが2周目の良さでしょう。お金は使い方によっては人を成長させたり、幸福へと導いてくれる。しかしひとたび使い方を誤ると、大変危険なものに変わる。そういうことを身をもって知っているのが2周目を歩く条件なのです。

◆若い人のためにお金を使う

お金は油断するとすぐに減っていきます。気を緩めて欲望のままに使うと、あっという間に自分のもとを離れて行ってしまう。

ただし、自分が使いたいものに使わず、食べたいものを我慢してまでもお金を貯めるのはただのケチ、吝嗇《りんしょく》です。

バカなことには使わないけれども、お金は人生を豊かにするために上手に使うことが大事です。

下手にお金を残しても、子供にとってマイナスに働いてしまう。

子供の教育もそうですが、余裕があるなら夫婦や家族で旅行に行ってもいいでしょう。時には少し贅沢《ぜいたく》をして食べたいものを思い切り食べてみる。興味があるものを学ぶためにセミナーなどに通ってみる……。

警察庁の調べによると、平成30年度の振り込め詐欺の総額は356億円だそうです。

とんでもない額が詐欺にあっているわけですが、一体どれだけ高齢者の方々は、すぐに振り込めるお金を持っているのだと驚くばかりです。

せめてそのお金が社会や若い人たちに回ったら、もっと世の中は元気になるはずです。

2周目はそんなことも視野に入れながら、ひたすら貯め込むだけでなく、適度に使って社会に還元することも考えないといけないと思います。

孫に留学したいという希望があったら、親に余裕がなければ代わりにお金を出してあげる。孫は可愛いものですが、たんにお小遣いをあげるのではなく、本当に本人にとって有益になることに対してお金を集中的に使う。

そうやってお金を有効に回すことで、自分たち自身はお金から解き放たれて歳を重ねていくというのが、美しい使い方だと思います。

◆覚悟さえあればお金を使わない生き方ができる時代

人生100年、50歳から50年として、年金以外に老後のお金が平均2千万円必要と聞くと、気が重くなるという人もいるでしょう。ただし、住宅ローンがあって借金がたくさんあるというのでなければ、いたずらに不安になる必要もないと思います。

年金にプラスして月に数万円、なんとかして稼ぐ方法を考える。あるいは自分やパートナーの田舎に引っ込んで、生活費をグッと下げる選択肢もある。

徹底してお金を使わない生活をすると決めたら、それなりになんとかできる世の中でもあると思います。先に紹介した自給自足生活もそうですが、なにも新しい広いマンションに住まなくてもいいと割り切れば、結構な都市でも古い家屋で家賃が安い物件もたくさんあります。食費もやり方と選択によって安く抑えることができる。

ミニマリストという言葉がありますが、生活を簡素化し、必要最低限のものを揃えるだけで切り詰めれば、かなり安い生活費で暮らすことも可能な時代です。服もたくさん持たない、車などお金のかかるものはシェアリングで安く抑える。

私が学生だった時代も、お金がないので切り詰めた生活でした。今のミニマリストのように、生活スタイルとして積極的に確立したものではありませんでした。いわばやむないミニマリスト的な生活で、全体的に貧乏苦学生というニュアンスです。

しかし今のミニマリストの人たちは生活は質素ですが小ぎれいで、お金をかけないけれどセンスを感じさせます。無駄なものを持たない腰の軽い生き方であり、一種の生き方、哲学を背景にしているから、どこかスタイリッシュさを感じさせます。

生活をそういう方向にシフトし、生き方の照準を合わせるなら、今の時代、立派にミニ

マリストとして一目置かれる生き方を貫くことができると思います。

◆生き方の選択肢は意外に揃っている

そういう生活が極端に禁欲的になるかというと、今の時代、決してそうとは限りません。娯楽にしても情報収集にしても、今やインターネットがこれだけ発達し、無料コンテンツも増えています。20年、30年前では考えられないサービスを格安あるいはタダで楽しむことが可能です。

動画配信サービスで毎月定額を支払えば、昔の名作映画から音楽番組、スポーツまで膨大なコンテンツが楽しめます。それほど高い値段ではありません。WOWOW3局だけでも、24時間配信していて、さまざまな映画を流しています。1日1本観たって、とても観きれません。

過去、こんなにたくさんのエンターテインメントが廉価に手に入る時代があったでしょうか？ 若い頃観た映画や観逃した映画を簡単に堪能することができる。これほど恵まれた環境を利用しない手はありません。

生活も娯楽も工夫次第ではお金をかけずに充実させることが可能な時代です。政府や企業は老後の生活が大変だと、やたらと不安をあおりますが、そこには不安に付け込んでさまざまな商品やサービスを売ろうという企業の思惑や、税収確保のための口実を考える行政の思惑も働いているということを忘れてはなりません。

2周目のお金に対する考え方として、当然、最低限必要になるお金は計算する必要がありますが、それさえクリアできていれば、むやみやたらと不安を感じたり心配したりすることはないと思います。

その基本にあるのが、お金がなくても今の時代、生き抜く方法、選択肢は意外にあるということ。

読者の皆さんの周りにも、自給自足や田舎暮らしでお金をかけずに生活を楽しんでいる人、余計なものを捨て、生活をシンプルにすることで支出を抑えながら、生き方も考え方もシンプルでスタイリッシュなミニマリストのような人がいるのでは？

そういう人たちの話を聞いたり、一緒に行動したりしながら、2周目のお金との付き合い方を考えてみてはいかがでしょう。

お勧めブックガイド⑤

『一休「禅」の言葉』

境野勝悟　知的生きかた文庫

世俗を捨てるだけでなく、既成宗教の枠組みからも自由に生きた一休。自由自在の精神は閉塞した現代人こそ学ぶべきものかもしれない。常識にとらわれた頭を解放し、真に人間らしい生き方を考えるきっかけになる。

『論語』

齋藤 孝訳　ちくま文庫

中国の偉大な思想家・孔子の言動をまとめた『論語』は2千年を経た今でも、多くの人に愛読されている。礼を大切にし仁(愛)を貫いた孔子。そのエッセンスを原文と格調高い書き下し文、さらにわかりやすい現代語訳で解説。混沌とした現代を生きるための「温故知新」の書。

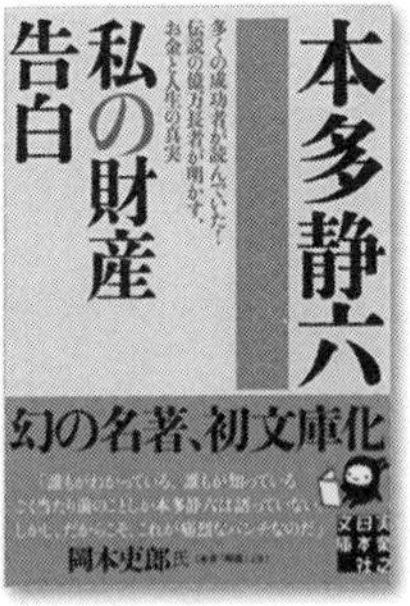

『私の財産告白』

本多静六　実業之日本社文庫

貧農出身で苦学して東大教授になった本多静六。造園家で明治神宮や日比谷公園の造成にも関わった本多は「月給4分の1天引き貯金」を元手に投資して巨万の富を築いた。簡素な生活を良しとし、全財産を寄付した本多静六の告白。

6章　節度ある「雑談力」が人間関係を豊かにする

◆「モテ」の格差が消滅する

異性にモテたいという気持ちは、人生の1周目では非常に大きな原動力になっていたと思います。

人間も動物の一種であり種族保存の本能がありますから、異性に好かれ、いい関係を築きたいと願うのは、1周目の最大のモチベーションの一つだと言っても過言ではありません。

ただし、モチベーションの一つでもあると同時に、それは大きなコンプレックスの源でもあります。だいたい小学校から中学、高校と学生時代というのは「モテる人」と「モテない人」の差が大きかったでしょう?

容姿も成績も良く、おまけにスポーツができる人はクラスの人気者になり、当然異性にもモテます。ところが容姿がさえず、スポーツも勉強もいま一つとなると異性からは相手にされない。

「スクールカースト」という言葉を聞いたことがありますか? もともとアメリカのスクールで見られた現象が、日本の学校でも見られると指摘されるようになったものです。

クラスの中に人気者とそうでない者の格差があり、カースト制度のような階級となって固定化されているというのです。階級の上位者は少数の人気者で、その下にそれに従う多くの普通の学生がいて、その下に特に際立った能力もなく、引っ込み思案で目立たない学生たちがいる。

私の子供時代にもそのような差はありました。ただし現在のスクールカーストは、階級差がより厳然としているとか。私たちの頃はクラスの人気者とそうでもない普通の生徒、あるいは目立たない生徒との間に仲間としての関係性がありました。

今のスクールカーストでは階級間の関係性が乏しく、ドライな点がかつてとは大きく違っているそうです。

そんなスクールカーストを描いた森もり子さんの漫画『**さよならハイスクール**』がおもしろかった。カースト下位に甘んじている主人公の男子生徒が、そのカースト制度を打破し革命と混乱を起こそうとする物語です。カースト下位の男子が、学年トップの美人である女子に近づき、付き合うことを画策する。

この漫画ではカースト下位の主人公が意図的に恋愛を利用することで、日頃の恨みや屈折を解消しようとします。決して純粋な恋愛感情で動いているわけではない。現代の学校内の人間関係の病理が感じられる作品です。

いずれにしても、地味でモテない人物が人気者の異性をゲットするというのは現実的には難しい。人生の1周目の特に最初の頃は、モテる人間とモテない人間の格差を思い知らされる時代ともいえます。

◆50歳を過ぎると……

ただし、安心してください。お気づきの読者もいると思いますが、モテる人とモテない人の格差がはなはだしかった1周目に比べると、ありがたいことに2周目は一気にその差が縮まるのです。

というのは、50歳を過ぎると、ことごとく全員パッとしなくなるのです。

男性の場合、40歳くらいまではまだオスとしての魅力が残っている。ギリギリ45歳くらいまででしょうか？　それを過ぎて50歳になると一気にオスとしてのフェロモンが激減する。これは残念ながら私自身の実感です。

若い女性から見ると、性的な対象としての男性ではなく、お父さんやおじいちゃんに近くなってくる。異性としての存在ではなくなってしまうのです。

50歳を過ぎて若い女性にちやほやされている人物もたまにいますが、多くの場合、お金の力です。持っているお金に惹かれているのであって、その男性に惹かれているわけではありません。

老けるということは、それだけ死に近くなっているわけです。新陳代謝も鈍くなっているので加齢臭もしてくるでしょう。生物学的に健康な女性がそんな死の臭いが出始めた男性を、そもそも求めるはずがありません。

もちろん女性にもたまに「老《ふ》け専《せん》」と言われる人がいます。ただしそれもヨレヨレの年寄りではダメで、枯れているけれどダンディで色気が漂っている人、役者で言うと田村正和さんとか森本レオさんのような人が対象かもしれません。そうなるとてつもなくハードルが高い。現実にはそんな男性、なかなかいないでしょう。目指してなれるものではありません。

◆ディフェンシブに生きる喜びを知る
50歳を過ぎたら、嫌われないだけで十分、マシだと考える。

まだまだ若い男性と同じ土俵で闘えるなんて錯覚を起こしたらダメです。嫌われないように口臭や体臭を抑えて、小ぎれいな身なりにして不快感を与えない。

それだけでもう十分に良しとすべきで、それ以上を望まず満足することが重要です。嫌われないためにディフェンシブに生きる。モテようとオフェンスに回るなど勘違いもはなはだしいと肝に銘じることが、身を助けます。

50歳を過ぎると、40代までのような女性に対する執着がなくなってくる。周りに聞いてもそう言う人が多いです。下手に男女を前面に出した関係になってしまうと面倒臭くなる。「年下の女性とは、楽しく話せればそれで満足」という人が増えるようです。

実際、かつてモテていた男性も、50歳を過ぎると以前のようにはモテません。モテていた人ほど過去の栄光にすがり、あの輝かしいモテ期をもう一度、と焦ってしまう。その結果、相手に引かれたり嫌われたりしてしまう。

逆に、モテなかった男性は基本的に謙虚です。それが大人の余裕を持つことでいい雰囲気、空気感を身にまとっている場合も多い。そういう人が、若い女性に人気が出たりします。

女性もまたしかりで、「学年でトップ」と評される美人は必ずいたわけです。しかし60歳近くなって同窓会で顔を合わせると、大変失礼ながら「こんなに変貌するのか」ということになっている場合もある。若い時に美人だった人の劣化が激しく感じられるのに対して、それほど目立たなかった女性が、素敵な大人の女性になっていることもある。

男女ともに、当時はまず考えられなかった逆転現象が起きるのが、2周目のおもしろさと言えるでしょう。

◆地方のスナックに見る男女のちょっといい関係

2周目の男女の関係は1周目のような生々しいものでなくて、もっと穏やかで人間的な関係がつくれるのが特徴であり、良さだと思います。お互いに人間的な信頼関係が基本にある場と立場をわきまえて節度のある関係を築く。そんな関係が築けるのが2周目の男女の関係から、話をしていて落ち着く、ホッとする。そんな関係が築けるのが2周目の男女の関係の醍醐《だいごみ》味でしょう。

たとえば小さなスナックでママさんといろんな話ができる関係を築く。それは決して男女の関係を期待しているわけではないけれど、大人の女性と話して少しホッとする、楽しいという感覚。それでちょっといい気持ちで家に帰る。精神衛生上もいいと思います。

地方で地元のスナックに行くことがあります。すると付近に住んでいるおじさんたちが、ボトルを入れて通っているんですね。スナックが憩いの場であり、ああこうやって夜を過ごしているんだなというのがよくわかる。全体にアットホームでとてもいい空気感なんです。

男同士の飲み会もいいのですが、ママさんのような大人の女性が話し相手をしてくれる場も大切です。それでいてキャバクラのように高くない。せいぜい数千円で飲んで話ができてカラオケが歌える。

男性だけで飲んでいては感じられない刺激があります。若い頃のようにギラギラしたものではないけれど、「モテてみたかった」、「もしもかなうものならもう少しだけ……」と燻《くすぶ》っている残り火を適度に燃えさせてくれる感じ。地方のスナックというのは絶妙なバランスの上に成り立っている社交場なのです。

自分がリラックスできる場所、それでいて適度に刺激を受けることができる場所を何軒か持っているといいと思います。

もちろん自分は外に出なくてもいい、誰とも会話しなくても一人で趣味の世界に入っているだけで満ち足りている、そういう人はそれでいい。**「知足者富」**（足るを知る者は富む）という老子の言葉もあります。

ただし、外に出て人と会いたい、会話をしたいという人は、このような行き場所をいくつか持つといいでしょう。

◆バランス感覚と節度ある雑談力

そのために必要なのは容姿でもお金でもありません。大切なのはバランス感覚のある会話力、雑談力です。

ママさんの話をうまく受け止めて、適切に返しができるか? 相手が話したいときは聞き役に回り、逆に自分が話した方がいいと思う場面では楽しい話をする。

小難しい政治や経済の話はまずウケません。自分の体験談、日常で感じたことやちょっとしたエピソード。しかも話は流れに応じてコロコロと自由に変わった方がいい。やたらと一つのテーマを延々と語る人がいますが、クドい話ほど嫌われるものはありません。

愚痴や文句などマイナスの話は基本的にNG。ただし、よほど関係性ができて、お互いが相手を知り、信頼関係ができてからであれば、愚痴にも文句にも付き合ってくれる可能性があります。そういう関係性が築けたらそれはありがたいこと。ただし一朝一夕にはいかない。ある程度の時間が必要です。

バランスの取れた会話、雑談ができるかどうかの他に大切なのが「節度」。飲み屋のような社交場でも、セミナーや勉強会のような場でも、節度がある人とない人は大きな差ができます。

市民大学のようなまじめな場所でも、節度がない人はそこに来ていたきれいな女性にやたらと近づこうとします。酷な言い方かもしれませんが、オジサンはすでに存在だけで鬱陶しく思われていると考えて間違いありません。グイグイ迫ったら相手は引いてしまいます。下手したらセクハラ、ストーカー扱いされるのがオチでしょう。

「若者にはない渋みがあるはずだ」と思いたい向きもあるかもしれませんが、残念ながらその「渋み」は売りになりません。「渋み」のつもりが、単なる加齢臭になっていないか謙虚さをもってチェックし、節度を持って女性と接することができる人が、歓迎されるのです。

昭和の戦争初期には効を奏した大鑑巨砲主義が後に仇《あだ》となったように、好かれる男性の条件が、若い頃とは決定的に変わったのだということを、受け容れなければなりません。

逆に言えば、当時の「モテ順位」なんてもうまったく関係ないのです。見た目は当時の学年ナンバーワンのモテ男を含めて全員がパッとしないのですから、逆転がいくらでも可能だということです。

大事なのは、その場にいる、話し好きで皆のリーダー的存在になっている中高年の女性に、まず「ここにいてもいい存在」として認めてもらうことです。

日本には、コミュニケーションが上手で、周りから頼りにされているこういう女性がたくさんいらっしゃいます。その方に、「この人は危険な存在ではない、むやみに空気を乱したり過去の栄光をひけらかす人ではない」「この場にふさわしい言動をする、節度をわきまえた人だ」とわかってもらうことが第一です。そう思われてはじめて「あなたはここにいていいですよ。歓迎します」ということになるわけです。

会話の分量としても、いきなり器量の良い若い女性にばかり話しかけるのはもってのほか、サッカーでいえばキックオフから数秒でレッドカードです。そうでない女性と多めに話すくらいでちょうどいい。

こういったバランス感覚が、2周目では欠かせません。

女性は基本的に話すのが好きですから、彼女たちが話し出したら聞き役に徹しましょう。

私なりの雑談のポイントは**「嫌味を言わない」「しつこくしない」「節度と落ち着きがある」「自慢話をしない」「相手の話をよく聞く」**など。

これらを意識して会話を楽しめば、まず嫌われることはないでしょう。

節度のある関係を貫く。

節度があるほどインターフェイス（接触面）は増えるのです。

◆臆病に接するくらいがちょうどいい

中高年になるほど節度を意識する。相手の表情や雰囲気を読み取って、先回りして行動する必要があります。

というのも、大学の教え子である女子学生の一人から直接相談されたことがあるのです。その学生は高校が女子校で、周りに男子がいなかった。大学で問題なく過ごしているように見えるけれど、じつは男性が苦手で、飲み会で肩が触れるだけでも苦痛だというのです。潔癖症の自分に困っているという相談を受けたことがあります。

彼女は男性と話すことさえ苦痛なのですね。一見そうは見えません。でもそういう人もいるということです。話しかけられるだけで嫌だと思っている女性もいる。若い学生に対してもそうですから、ましてグイグイの中高年男性なら、なおさら嫌悪感を感じるでしょう。

2周目、中高年の私たち男性は、そういうことを意識して若い女性と接することが大事になります。

相手がちょっと引いていると感じたらやめておく。

臆病に接するくらいでちょうどいいのです。

◆いくら払っているか？

節度の中には、2周目ならではの大人の判断力も必要です。たとえば居酒屋のアルバイトの女性にちょっと優しくされたからといって、キャバクラかのように相手と話そうとする人は嫌われます。

居酒屋には居酒屋、キャバクラにはキャバクラなりの飲み方がある。数千円で飲める場所であるということは、おのずとサービスの範囲が限られているということでもあります。居酒屋、スナック、キャバクラ……、それぞれ値段が違いますが、その場その場の相場があり、遊び方楽しみ方はその範囲の中でと、おのずと決まっているのです。

相手も仕事、商売なのですから、そこを冷静に判断しないといけません。ところが中にはそれを理解しない、あるいはわざと無視する人がいます。安いお金でできるだけいい思いをしたいというういやらしさ、セコさが透けて見えます。

その場にふさわしい遊び方をしましょう。20代、30代なら「まだ若いから」で許されるかもしれませんが、2周目に入ったら周囲の目は厳しくなります。

女性からしたらバカにするなということでしょう。そういうことを期待するなら、もっと払ってくださいよと。こういう図々しい人物は節度や節操、常識のない人物として烙印《らくいん》を押されます。そこから信頼関係を築くのはまず不可能です。

2周目ならではの節度、節操というものがあります。「こういう立場の人にはこのレベルで接する」「こういう場所ではこういう振る舞いをする」など、場をわきまえる。それを押さえるのが2周目の大人の判断力です。

2周目の本当のモテ方というのは決して外見でもなければお金でもない。節度、分別、節操があるかどうか？　人間性の本質がものを言うのです。

そういう意味では、心がけと行動次第で誰もがモテるチャンスがある、ある意味で公平な年代かもしれません。

◆地元のスポーツチームの応援で盛り上がる

人生2周目で、ホッと一息つける場を見つけるというのは大きなポイントです。

場という意味では、地元のスポーツチームを応援する集まりなどもいいかもしれません。若い頃は都会志向で地元愛なども強くない人でも、50歳を超えたあたりから不思議に地元愛が強くなる場合があります。私の知人でも、それまでほとんどサッカーに関心などなかったのに、急に清水エスパルスのファンになった人がいます。

その人は子供を連れて地方にまで遠征して応援する。清水エスパルスという地元のクラブの応援を通じて、応援団の仲間たちはもちろんですが、家族との絆《きずな》も深まった。

50歳を超えるとにわかに地元愛、故郷愛が強くなってきます。これは自然なことで、やはり自分が生まれ育った土地は母親と一緒で、自分を包み育ててくれた場所なんです。そういうものに回帰していく。

ですから地元のスポーツチームを皆で一緒に応援するというのは、コミュニティとして、憩いの得られる場を作るという意味でとてもふさわしい。誰もが故郷という共通の母親の子供ですから、兄弟みたいなもの。すんなり打ち解けることができるのです。

先日、テレビ東京の「ＹＯＵは何しに日本へ？」という番組を見ていたら、ドイツのドルトムント出身の青年が登場していました。彼は定期的に埼玉県の浦和市にやってくる。何のためかといったら、Ｊリーグの浦和レッズの応援なのです。

ドルトムントといえば香川選手が活躍したサッカーチームがあるところです。強豪のバイエルンというチームにも勝つくらいの強いクラブで、熱狂的なファンがいる。それなのになぜ浦和レッズなのか？

◆2周目の居場所は意外なところにある

彼曰く、自分はそこでは仲間がいなかったと。引っ込み思案でなかなか輪に入ることができず、一人で応援していたそうです。たまたま知ったJリーグの浦和レッズとそのサポーターの盛り上がり方に興味を抱き、来日したというのです。

レッズには合言葉があって、サポーター同士で「We are REDS!」と言うだけで仲間になれる。内気な彼もそれを唱えたら、ドイツ人だけどすぐに受け入れられた。試合が終わると行きつけの居酒屋に行く。そこは浦和レッズのサポーターだらけで盛り上がっていて、一気にたくさんの日本人の友達、仲間ができてしまった。

そこから彼は日本語を猛勉強し、ことあるごとに日本にやってくるようになったそうです。人生の最初はドイツ・ドルトムントでの生活でしたが、内気で孤独だった。ところがいまは日本の浦和で、たくさんの仲間たちに囲まれ楽しく過ごす場ができた。

彼はまだ人生の2周目という年齢ではありませんが、大きく居場所と生き方が変わったという意味では、年齢にかかわらず人生の2周目に入ったと言えるのではないでしょうか？

2周目は1周目と違う、楽しめて安らぐことができる「居場所（ホーム）」を作ることが大きなポイントになります。またそれができるのが2周目の良さでもある。

意外なところに意外な居場所があるのです。

1周目で見つけられなかった人も諦めるのは早計です。ドイツ人の青年は第二の故郷、「心のホーム」としての浦和レッズを発見したわけです。

◆長い付き合いが大事になる

ドイツ人の青年ほど遠くなくとも、第二の故郷、心のホームを持つというのは人生の2周目のテーマとして意識するといいと思います。実際にそういう人がけっこういますね。たまたま旅行で行った先が気に入って、それから定期的に訪れるというような。

一度行った石垣島が忘れられず、何度も行くうちにすっかり島の人たちと仲良くなった。ついには数年後に奥さんと一緒に石垣島に移住したというような話をよく聞きます。

1回行っておしまいではなく、何度か継続的に行くことが重要です。そうやって場になじみ、人間関係ができて、第二の故郷となりつつあることを実感する。自分の居場所が増えることで、気持ちはより豊かに安定するでしょう。

故郷はどこかの場所、土地や地域ばかりとは限りません。私が大学時代からお世話になっている歯医者さんがいます。もう何十年もお世話になっています。付き合いが長いから私の歯がどうなっているか、私以上に把握しておられる。そのおかげで私の歯はいまだにすべて健在で、1本も欠けたりしていないし、差し歯などもありません。

ご高齢ですが名医であり、人間的にも信頼できる方です。だから私と同じような古いリピーターが多く、引退しないでほしいと懇願しています。長く関係が続いている人、お医者さんもそうですし、お店もそうでしょう。一種の故郷のようなものだと思います。

もう一つ、開店した時からずっと行き続けていた江古田のラーメン店があります。

私が江古田を離れてからも、時折食べたくなって足を運んでいました。お店の人と「ずいぶん長いですね。僕、開店の時からお世話になっていたんですよ」なんて雑談をするのも楽しい。

まさに母港に帰る感じと言ったらいいでしょうか？　それがわかるのが2周目の良さです。開店時から知っている安心感と懐かしさ。そのお店が閉店するとなると、まるで自分の中の歴史が一つ終わってしまうかのような寂しささえ感じてしまいます。

◆気に入った場所を「守る」

そういう心のホーム、第二の故郷を何とかして守りたいと、サポートするのも2周目の人生のテーマだと思います。

ネットで知ったのですが、ある街で昔からある地元の焼き鳥店の上に、なんと焼き鳥チェーン店が出店することになった。下の焼き鳥屋さんには昔ながらの常連さんが多かったのですが、誰が見ても大手チェーンの出店で潰れてしまうと思われた。そこで常連さんたちに火が付いたのです。「自分たちの居場所を失ってなるものか」と、今まで以上の勢いでその店に足を運び、ものすごい勢いで食べ続けたというのですね。

その結果、当初危ぶまれていた古い焼き鳥店が繁盛する代わりに、完全に優勢だと思われていた大手チェーンが苦戦を強いられているというのです。

そんな投稿をネットで見ましたが、心の中で拍手喝采です。今、このような一軒もののお店はどんどん姿を消しているでしょう。大手チェーンに押されたり、あるいは継承者がいなくて高齢化でやむなく閉めたり……。一軒もののお店の良さは、何と言ってもそこでしか食べられないもの、味わえないものがあること。チェーン店のメニューはどこも一緒ですが、一軒ものはそこでしか食べられません。

何より心を感じませんか？　店長のこだわり、お店とお客さんに対する愛情のようなもの。大手チェーンの画一メニューやマニュアル対応にはないものです。おそらくその焼き鳥店の常連さんは、自分たちのホームが奪われることが何より悲しいことであり、絶対に阻止しなければならないことだったのでしょう。

自分の居場所を作るだけでなく、守る。そのためには定期的に通い、お金を落とす。2周目は居場所を見つけるとともに、それをサポートするという気持ちと行動も大切になってくると思います。

◆のめり込まない「適度な距離感」

2周目の関係性というのは「長さ」ということが1周目と違うところだと思います。

第二の故郷のように感じる場所にしても、お店にしても、足を継続的に運ぶことでだんだんと関係ができてくる。関係がある程度できたら、そこからまた長い付き合いが続きます。長く続けるには「適度な距離感」も必要です。いきなりのめり込んだら向こうも重く感じるでしょうし、自分も長く続きません。

そんなに頻繁でなくていい。1週間に1度とか1カ月に1回顔を出す。そして軽く雑談を交わす。私は学生時代、孤独に喘《あえ》いでいた時期がありました。そんな時近くの定食屋さんのおばさんとだけ話していた期間がありました。その店へは週に1回くらいですが、顔を出す。1週間ほとんど誰とも話していないけれど、そこのおばさんとの雑談が心の潤いになるし、救いになる。

長く付き合うためにはあまり肩に力が入らない方がいい。相手に期待しすぎると向こうも辛いし、こちらも落胆してしまい続けるのが難しくなります。お店だったら、そういうところでやたら味やサービスにこだわらない、ある種の「鷹揚《おうよう》さ」「緩さ」も必要になります。長く居場所として落ち着ける場を考えたとき、味なら味、サービスならサービスを突き詰めない。このくらいでいいとか、十分だという線で抑える必要があります。そしてこここと決めたら、それ以上のものを期待せず、通い続けることが大事です。

そしてやはり大事になるのが雑談力です。

雑談も肩に力を入れず、突き詰めないところに妙があります。深い真理をつかみ取ろうとしているわけでも、何かを得ようと話しているわけでもありません。

お互いが心地よく、関係がスムーズになればいい。それが雑談の目的ですから、突き詰めない。

「緩さ」と「心地よさ」の積み重ねが安心感と信頼感を作り出すのです。

それが長く関係を続けることができる「居場所」を作り出すコツだと言えるでしょう。

お勧めブックガイド⑥

『さよならハイスクール ❶～❸ Kindle版』

森もり子　ナンバーナイン

スクールカースト最底辺の男子高校生の朝倉。スクールカーストの崩壊を目論み、カースト上位の美少女・伊藤マユミと付き合う計画を立てるが……。深刻なテーマでありながらどこかユーモラスな新時代の学園漫画。

『人を動かす 新装版』

デール・カーネギー

山口 博訳　創元社

1936年に初版が発行され、世界で累計1500万部を売り上げた、自己啓発本の古典。「人を動かす三原則」「人に好かれる六原則」「人を説得する十二原則」など、カーネギー自身が人生の中で学んだ実践行動哲学が満載された名著。

『「居場所」のない男、「時間」がない女』

水無田気流

日本経済新聞出版社

仕事に追われ頑張ってきたのに、気がつくと会社にも家庭にも居場所がない日本の男性たち。いっぽう婚活・妊活・保活に追われ、家庭でも自分の時間を確保できない日本の女性たち。気鋭の社会学者が男性も女性も幸せになる方法を提示する。

7章 好奇心、感動

——2周目で初めてわかる楽しさがある

◆クラス会や同窓会にはマメに顔を出す

1周目はお金を稼ぐことや出世することに重きがあったと思います。2周目はいろんな意味で先が見えてきていますから、がむしゃらに稼ぐ必要もない。出世に関しても自分のゴールが見えている。

2周目で大切なのは、やはり人間関係でしょう。集まって話ができる仲間がいる。いざという時に力になってくれる人がいる……。どんなにお金を持っていても、集まってくれる友達や仲間がいなかったら寂しい人生です。

2周目で自分の人間関係をもう一度見直してみましょう。1周目で有益な人脈だと思っていた人ほど、2周目に入って、ビジネスの現場から離れたとたん、目の前から消えて行ったりします。

いっぽうで、2周目は若い頃の人間関係の復活の年代でもあります。クラス会、同窓会がやたらに増えます。子供が手を離れ、時間的にも精神的にも余裕ができます。ふと、学生時代の仲間たちを思い出すわけです。

クラス会、同窓会には面倒がらずに参加することをお勧めします。

若い頃とは違い、お互い大人になっていますから、適度に気を使い合えるので、居心地が極端に悪くなるということもないでしょう。

小学校、中学校、高校、大学と各世代でのつながりをできる限り復活させる。子供時代を一緒に過ごしていたというだけで、驚くほど簡単に昔に返ることができます。

学生時代の頃のような気の置けない人間関係を新たにつくろうと思ったら、大変な労力と時間がかかります。しかし昔のクラスメートなら簡単にその関係が復活できる。

こんなにいいつながりを利用しない手はありません。クラス会、同窓会の誘いがあったらまず素直に乗る。

そして何回か顔を出せば、関係はどんどん温まり強くなっていきます。年1回か2回会っているだけで、相当強いつながりを実感できるようになるはずです。

1周目でも2周目でも、一番良くないのは孤独感です。自分が誰ともつながっていない。それはキツいものがあります。逆に数は多くなくても、誰かと親しくつながっているという実感が大いなる救いになります。

私も大学で教える立場として、学生たちにできる限りそのような場が生まれるようにしています。たとえば授業がゼミ制度ではない場合でも、あえてゼミ風にしています。合宿やらなにやら、さまざまな活動を行います。

授業は通常3年生で履修したら、4年生は取りませんが、私のゼミ風授業は履修し終えた4年生にも参加の門を開いています。卒業式の日、3年生から4年生に卒業プレゼントを贈る。そんな美しい習慣も続いています。

授業以外でも皆で自主企画としてどこか旅行に行ったり、その中で結婚するカップルが何組も生まれたり……。私のいないところでも仲間同士でいろいろ活動しているようです。

卒業して10年たっても昔のメンバーで集まる人たちもいます。

若い頃のこのようなつながりは財産です。仲間というものはかけがえのないものであり、大切なものです。そしてそれを育む場もまた大切なものです。

◆新しい関係＝新友をつくる

同窓会のような古い人間関係を復活させることも大事ですが、同時に新しい関係を築くことも忘れてはいけないと思います。

福沢諭吉は『学問のすゝめ』の中で、「旧友を忘れざるのみならず新友を求めざるべからず」と言っています。

かりに10人の友達のうち親友の割合が1割だとすると、20人と付き合えば2人親友ができる。だから新たに友と付き合うことでさらなる親友＝新友をつくれというのです。

旧友という言葉はありますが、新友という言葉はない。でもあえて意識して新しい友を増やすべきだと福沢は言っているのかもしれません。

ただし私は人生の1周目の新友と2周目の新友は少し違うと考えます。福沢は当時の若い学生に向けて親友＝新友の大切さを説きました。私は、2周目の新友は必ずしも親友ならず。むしろそうでなくていいと思っています。

学生時代はお互い深いところにグッと入っていきますが、2周目の関係はそこまで求める必要がありません。趣味なら趣味の範囲で、スポーツならスポーツを一緒にやって、その範囲で楽しむ関係であれば十分です。

飲み屋で会ってたまに雑談するだけ、それだけの関係でも続けていけるのであればそれでいいでしょう。相手のすべてを知らなくとも、一点においてつながっていれば十分。

相手に多くを望まないということは、相手に依存しないということと同義です。2周目はお互い成熟し、ある程度完成した人格を持っているのですから、それ以上のものを必要としなくてもOKなのです。

「君子の交わりは淡きこと水の如し」とは荘子の言葉ですが、まさに成熟した2周目の大人の交わりは水のように恬淡《てんたん》としているものでしょう。2周目の人間関係は、前章の居場所をつくる時のポイントである、突き詰めないこと、こだわらないことが重要なのです。

そもそも、好きなものが同じ相手とはすぐに仲良くなることができます。前の章で触れた浦和レッズのファンもそうですが、ファン同士というのはすぐに仲良くなる。矢沢永吉のコンサートに行ったらファンというだけでもう仲間、同志としての共感があるそうです。そしてそれ以上の深い関係を求めない。同じファンということで楽しみを共有できる場と時間があれば満足する。

テレビであるオタクの人同士が一緒に出かけているところを街頭インタビューされていました。聞けばお互いの本名も知らなければ、住んでいるところも知らないとか。それでも十分に楽しそうで仲がいい。趣味嗜好《しこう》が同じだから、その部分でつながっているのです。

犬の飼い主も似たところがあります。毎日、朝晩の散歩が日課になりますから、近所の飼い主さんとよく会うようになる。しかし犬の名前はお互いに知っていても、飼い主の名前も職業も知らないことが珍しくありません。「ジョン君のママ」といった呼び方をする文化が定着しているので、不自由することがないのです。どこに住んでいるかもお互い知らない場合も多い。

愛犬という一点においてつながっていれば、どこに良いドッグランがあるとか、どこの散歩コースが快適だとか、どこの獣医さんがいいとか楽しく情報交換できるから、何年も付き合える。相手と全人格的に付き合わなくても、いや、付き合わない方が長く快適に続く。こういうスタイルの「2周目の新友」は、人生を豊かにします。

若いうちはお互い切磋琢磨《せっさたくま》する必要もあり、深くて濃い付き合いも必要でしょう。激しくぶつかり合うこともあるでしょうから、長く続かない関係もあります。

しかし人格が完成した2周目は、できるだけ良い関係を長く続ける。そのためにはあえて深く突っ込まず、一点共通する部分、わかり合える部分でつながる。肩の力を抜いた緩い関係を築くことが大切だということでしょう。

◆メッシの試合をすべて観戦する理由

私はスポーツ観戦が昔から好きで、特にサッカーはテレビや動画配信サービスなどでよく観戦していました。

どのチームを応援するというよりも、サッカーとしていいプレー、いい選手、いい試合を観たい。それが観られればどのチームが勝とうが負けようがあまり執着しません。

ただ、気に入った選手、ずっと追いたい選手にはのめり込みます。それがスペインのFCバルセロナに所属しているリオネル・メッシ選手です。カップ戦も含めて、彼が出場した試合はすべて観ていますから、彼のプレーはほぼすべて観ていると言っても過言ではありません。

観れば観るほどに天才だとうならされてしまう。ドリブルテクニック、パスセンス、動き出しの速さ、ポジショニング……。明らかに他の選手と次元が違うのです。

ただし、少し距離を置いて観られるようになったのはようやく最近、2周目に入ってからです。1周目の私はそれこそのめり込むタイプでしたから、ファンというよりもむしろサポーターの意識に近いものがあったかもしれません。

メッシが所属しているバルセロナを必死で応援していました。1プレー《ワン》1プレーに一喜一憂してしまう。味方がちょっとミスすると「なんでそこでそんなパスをするの！」とか「今シュート打たないと！」とかテレビに向かって大声を上げていました。

ちょっとこれはいかんなと。熱くなりすぎて心身に良くない影響が出ることもありました。興奮しすぎて良いことはありません。考えてみれば私は彼らのチームの監督でもなければサポーターでもなかった。そこまで一喜一憂する必要があるのだろうか？　彼らの勝ち負けは私自身の何事にも直接の関係はないのです。

◆過度にのめり込むのは幼い⁉

そこで少し意識して距離感を保つようにしました。良いプレーには拍手喝采するけれど、それ以外はプロといえども人間ですから失敗もある。そもそも彼らは私たちの想像以上に厳しい練習、過酷なトレーニングを積んでいるのです。まずはそこの部分のリスペクトから始めないと。

多少のことはスルーして冷静にゲームを観戦するようにしました。最近は以前に比べ熱くなることがありません。

するといろんなことが見えてくるようになりました。選手の動きだけでなく表情や仕草、サポーターたちの動き、敵の陣営の動きまで……。

過度に応援したり熱を上げるのは、やはりどこか精神的な幼さが影響していると思います。自分が応援するチームが勝つことによって、自分は何をしなくとも勝利感やヒロイズムに酔うことができます。これほど都合の良いものはありません。

チームを応援することで自分の存在感や存在意義を確認する。それは良いとしても、あまりに過度にそれに託すのは、一種の甘えや依存に近いものと言えるでしょう。

精神的に成熟している人ほど、過度の感情移入はしません。ゲームは楽しむけれども、しょせん自分とは違う人たちがやっていることです。どこかで冷めた目を持っているのが大人の感覚です。

試合が終わったら勝っても負けても気持ちを切り替える。朝方までワールドカップで日本代表を応援し、結局負けてぐったり落ち込んでしまう。そのまま仕事までその気持ちを引きずってしまう。あまりにも幼い感じがしますが、結構こういうタイプがいるのです。

のめり込まず適度に距離感を保つ。一心同体のサポーターのような熱狂ではなく、ファンとしてゲームを楽しむ余裕を持つ。2周目は好きなことに関しても、適度な距離感、節度を持てるかどうかが、ここでもやはりポイントになってきます。

◆サポートが大きな役割に

ただし、サポーターという言葉は2周目の人生の中で、じつは大きなテーマとなり得るものだと考えます。たんにチームと一心同体の熱狂的な集団をサポーターというのではありません。

本来のサポーターの意はまさに読んで字のごとく、自分が好きな相手、対象をサポートすることなのです。見返りや報酬を求めず相手をサポートし、助けること。2周目の生き方の美しさとして、サポートすること、サポーターとしての役割があると考えます。

たとえば前章で触れた焼き鳥店の話を思い出してみてください。2階に大手チェーン店が進出してきて、お店の存続が危ぶまれた。そのとき常連さんが足しげく通い、店を盛り立てたという話。

この常連さんたちの行動こそまさにサポートであり、彼らこそ立派なサポーターだと言えるでしょう。じつはこのようなサポートはいろんな場面で見られます。

たとえば小劇場の芝居によく足を運ぶ人がいます。それはたんに芝居を観たいということだけではありません。入場料や観劇料を払うことで、贔屓《ひいき》にしている劇団や劇場を存続させ、盛り立てたいと考えているからでしょう。

最近ではお笑いの世界にもこのような構図があります。無名の若手が集まって行われるライブが毎週末さまざまなところで行われています。こういうところに足を運ぶ常連、マニアがいます。彼らには、チケットを買い劇場に足を運ぶことで、若い人たちを支援したいという気持ちがあります。

以前、美輪明宏さんが演じていた『毛皮のマリー』に招待されて観に行ったことがあります。『毛皮のマリー』は寺山修司の自伝的作品で、レベルの高いアングラ系のにおいが漂う素敵な作品です。

舞台が終わって美輪さんに挨拶して帰るところで、教え子の大学生が「先生もご覧になっていたんですか？」と声をかけてきました。偶然一緒の舞台を観ていたのです。ところが彼女が、まさに『毛皮のマリー』の舞台衣装のような雰囲気のドレスを身に着けているのです。

「この舞台の正装のつもりなんです」と言っていましたが、なるほど彼女はこの作品の、あるいは美輪さんのサポーターなのだなと思いました。招待されて来ている私とは気合の入れ方が違う。彼女は本物のサポーターです。舞台に対する正装という意識が素晴らしい。聞けばやはり『毛皮のマリー』をいろんな場所で観続けてきているのです。「今回の『毛皮のマリー』は以前と演出がこの部分で違っていました」と教えてくれました。大変勉強になりました。

◆せちがらい時代こそ「サポート」が重要

彼女は中学校のとき自分の住んでいた地方で美輪明宏さんの演劇を観て以来ずっとファンなのだそうです。それで毎回、美輪さんの公演があると可能な限り観に行く。身銭を切っていくわけですから、ファンであると同時に、もはやサポーターに近いものがあります。

自分の好きな店をサポートする、自分の好きな演者をサポートする、自分の好きな芸術家をサポートする。そういう気持ちというのは、今の時代とくに重要だと思います。

若い無名な時代に草間彌生《やよい》さんの作品を気に入って買った人は、いまやその絵がどれだけの価値になっているか？　おそらく当時買った人は投資というより、彼女を援助するくらいの気持ちだったでしょう。

人生2周目はそういうサポート、サポーターとしての意識を持ち合わせたいものです。まだ若くこれからの才能に対して支援、投資のつもりでもいいからサポートする。

少なくともすでに1周生きてきているわけですから、一通りの審美眼、良いものや将来性があるものを見抜く目はあるはずです。

2周目になっても、全部自分の欲望や快楽だけのためにお金や時間を使っているのは恥ずかしいことだと思います。これからの才能や、これからの人たちにそのお金を意識して使ってみましょう。

若い人を育てるという気持ちでサポートする。2周目に入った人の役割の一つであり、おもしろさの一つでもあると思います。

自分のためだけでなく他者のためにお金と労力、時間を使う。単純で短絡的な損得勘定からは導き出されない答えを導くのが2周目の仕事だと思います。人をサポートする、見返りを求めない行為というのは、じつはとても潔くて気持ちがいいものです。

見返りを期待するから、それが得られないと落胆したり腹が立ったり、恨みに思って気持ちも人生も重いものになっていく。損得勘定や期待が最初からないのですから、じつに心軽やかなものです。

ましてそれによって誰かが喜んでくれたら、それが自分の喜びになって跳ね返ってくる。若い人が喜んでくれたら、それはとてもうれしい。若い人、特に子供は素直に喜びを表現しますから、こちらまで元気になってくる。

子供たちが喜ぶ姿に、2周目の私たちが喜ぶ。それは美しい循環、社会の循環を感じさせます。

◆方言こそ日本の宝

サポートだけではありません。歴史や文化を次の世代に残していくことが2周目に入った私たちの大事な役割なのです。

その意味でポイントだと考えるのが方言です。

日本には各地に多様な方言があります。この多様性こそが日本の文化の強さ、奥深さにつながっていると思います。それぞれの地域で異なる言語があり、それによって多様な価値観や感性、世界観や歴史が生まれ、引き継がれていく。

政治や経済のように東京一極集中の中央集権的なヒエラルキーが文化に入り込んで来たら、わが国の多様性＝豊かな文化は失われてしまいます。方言こそ地方独自の文化であり、日本の宝なのです。

私はEテレの教育番組「にほんごであそぼ」で、方言をたくさん取り上げました。

80代の人たちは方言を話せるのですが、20代でちゃんと話せる人はほとんどいない。その現状を知り、強い衝撃を受けました。

20代の人たちの方言力はおそらく今の80代の人の4分の1以下に落ちている。これは日本の文化の危機であり、日本そのものの危機でもあります。方言を幼児や小学生など、まだ頭の柔らかい子供たちに、ちゃんと教え伝えることが急務です。

高度成長からバブル時代まで、日本人はどうも方言コンプレックスが強かった。方言は恥ずかしいものだとか、標準語で話さないと笑われるというような、おかしな風潮が根付いていました。

私はテレビが好きでよくテレビに出ているのですが、これだけはテレビの影響と責任を糾弾しなければなりません。テレビの言葉は当然標準語ですが、それが全国の茶の間に送り届けられることで、日本中が標準語で埋め尽くされてしまった。

私は大学入学時に上京してからすでに40年になりますが、いまだに静岡のイントネーションが抜けません。どうすれば抜けるのかと考えたこともありましたが、これからは多少標準語とは違うイントネーションでも、「私は静岡県出身ですが、なにか？」と開き直らせてもらおうと思っています。

関西の人たちは早くからそれを実践していたわけですね。押し付けがましいと感じる人もいるかもしれませんが、じつは彼らこそが正しい姿なのだと思えるようになりました。

方言の多様性、地域性というのは、文化の多様性や重層性を担保するとても重要なポイントです。そのことをもっと日本人全体、社会全体が認識し共有する必要があります。

私も静岡に帰って友人に会うと自然に静岡弁になってしまいます。すると無意識で故郷に帰ったという安らぎと喜びがある。

東京で標準語でしゃべっているつもりでも、微妙なニュアンスで同郷の人にはわかるらしい。「先生は静岡出身ですよね？」と何度か指摘されたことがあります。

それでも静岡弁はまだ軽い方です。鹿児島弁や津軽弁となると、クセが強い。80代以上の人同士がしゃべっているとまず理解できません。でもそれが不思議に心地いい。安心感がある。

私は『声に出して読みたい方言』という本を作ったことがあります。夏目漱石の『坊っちゃん』をわざわざ鹿児島弁で、川端康成の『雪国』を名古屋弁でというように、名作をいろんな方言でCDに収録しました。その土地の出身者に方言で読んでもらったのです。すると、これがじつに味わい深い。消えてなくなってしまうとしたら、大変な文化的損失です。

2周目の私たちは、地方性や地域性というものの重要性を深く認識するべきだと思います。

東京だって一つの地方だと考えるとすると、東京には標準語ではなくてちゃんとした江戸弁を話す高齢の方が、今でも下町で残っているではないですか。永井荷風は、江戸の下町情緒を愛しました。

自分の故郷、地方の価値を再発見する。その典型的なものが方言だと思います。忘れられていく地元の言葉を次の世代に残すべく、2周目に入ったら意識して方言を使ってみることをお勧めします。

◆故郷の自然と歴史、文化にもう一度触れる

自分の生まれ故郷、自分の足元をもう一度振り返るというのは、2周目の大変有意義な勉強の一つだと思います。

地元の歴史や文化、伝統などをもう一度学んでみる。調べてみると知らないことがたくさんあります。地方や地域には必ず郷土史家と呼ばれるような歴史研究家がいて、これまた微に入り細にわたり、古文書などを調べながら本格的に研究しています。

そういうグループに入ってもいいし、入らなくても著作を出していたりしますから、それを図書館などでチェックする。それだけでも十分に勉強になります。

地元の大学の市民講座などを調べると、そういう人たちが講師として呼ばれ講座を開いていたりします。市役所などで確認して講座やセミナーに参加してみるのもいいでしょう。

また、最近は**「ブラタモリ」**というNHKの番組の影響もあって、地域の土地の成り立ち、地層や河川の歴史などを学ぶ人が増えています。そのような場所を実際に歩いて学ぶセミナーや集まりも増えています。

とくにユネスコが主催している**「世界ジオパーク」**は世界中の特徴的な地形や地域をユネスコが認定し、人々がどのように暮らしてきたか、土地と人間、自然と歴史の関わりを学ぶ場として活動しています。

ちなみに日本の「伊豆半島ジオパーク」「アポイ岳ジオパーク」「糸魚川ジオパーク」など、現在9カ所が世界ジオパークに認定されています。毎月定期的に散策して土地の歴史や特徴を学んだり、検定試験やガイド養成講座などがあり、勉強したい人にはもってこいのメニューがあります。

そういう場所で自分の地元や興味のある地域を重点的に学ぶのもお勧めです。

いずれにしても2周目に入ったら、地元のことや地域のことを学ぶ。地元愛が根底にありますからモチベーションが強い。学ぶことでさらに地元や故郷のことを知り、それによってさらに地元への関心と愛が高まる。2周目の勉強として、これほどふさわしいものはないと考えます。

◆万葉集……機をとらえる

2周目の好奇心として、もう一つお勧めするのは、昔学んだことをもう一度学び直すということです。たとえば「令和」の出典として注目を浴びている『万葉集』などは格好のテキストでしょう。

誰もが中学高校で一度は『万葉集』を学んでいます。しかし残念ながらほとんどは知らないのではないでしょうか？　覚えている歌が果たしていくつあるでしょうか。

せっかくブームが来て注目されているのですから、それを「機」と捉える。**機とは「はずみ」とも読みます。ちょっとしたことを「これも何かの縁だから」とか「これも何かのはずみだから」と言ってきっかけにするという姿勢は、意外に大切です。**

「万葉集ブームが来ているなら、これをきっかけにして勉強してやろう」

「そういえば、昔習ったけれどすっかり忘れてしまったな」

こういうことで物事は意外に先に進んで行ったりします。実際、若い頃万葉集を習ったとして、その良さがどこまでわかっていたでしょう？　13歳から18歳くらいの若い頃は、確かに青春の鋭敏な感性はあると思いますが、恋愛の機微、男女の関係の機微を理解するにはまだまだ経験値が足りません。

2周目に入って一通りの経験、体験を積んだ今だからこそ、万葉集などの古典、文学作品の意味が理解できるはずです。

お勧めするテキストですが、中西進さんの**『万葉の秀歌』**（ちくま学芸文庫）はわかりやすい。万葉集に入っている歌は4500余首と言われていますが、そこから中西さんがさらに名歌、秀歌252首を選んで紹介、解説してくれています。

もう一つ**『万葉秀歌』**（岩波新書）は斎藤茂吉が選んだものです。こちらは約400首ほどを選んでいますが、近代短歌の巨人である茂吉が選んでいるのですから、それだけでも興味深い本です。

万葉集は日本人の心の原点のようなものです。新元号を機《はずみ》にして、この際もう一度勉強し直してみてはいかがでしょうか？

◆流行を素直に追うことで新しい価値観に触れる

「機」に乗ると言いますか、はずみ、きっかけにするという意味で『アナと雪の女王』も観に行きました。個人的には正直な話、あまり興味はありませんでした。『君の名は。』も観に行きました。

なんでも流行っているものには目を向けてみます。私が人前でお話しする仕事をしているというのもあります。

しかし2周目で大事なのは雑談力だと何度もお話ししているように、雑談が上手にできるためには世の中の動き、流行も知っておかねばなりません。

ですから『ラ・ラ・ランド』も、クイーンのボーカル、フレディ・マーキュリーを描いた作品『ボヘミアン・ラプソディ』も観に行きました。こういうのは「ＤＶＤになってから」などと言わず、流行っているとき、その機会を逃さないということが大事なのです。

2周目に入ると、世の中の動きや若い人たちの嗜好から遠ざかってしまい、現代の流れから取り残されてしまう傾向があります。つねに好奇心のアンテナを鋭くしておく。

「どうせおもしろくないさ」という態度を私は一切取りません。勝手に決めつけず、まずは自分の目と耳で確かめてみることです。

とくに世の中でものすごくブームになったものに対して、2周目に入ると素直になれないというか、斜に構える傾向が強くなりますが、それが心や感性を固くすることにつながります。

私は若い学生たちとカラオケに行きますが、米津玄師とか back number だとか、あいみょんを歌うわけです。もちろん最初から知っていたわけじゃなくて、まず学生の歌を聴いて「なんだこれ？」というところからのスタートです。

すぐにそのあとでCDなどで代表的なアルバムなどを買い、一通り聴いてみます。するとかい意外にいい曲があったりして「なるほど」となります。そうやって若い人が好んでいる歌、流行っている歌をインプットしておく。

好き嫌いの判断は後です。聴く前から「こんなもの」とか「そうは言ってもね」などと拒否反応を示していたら頭に入ってきません。

流行には理由があります。若い人だからとハナから否定するのではなく、世の中の動きを知る意味でも触れてみることです。それが2周目の固まりがちな脳と感性の刺激になります。

若い人に合わせるために聴いているのではありません。そういうのは学生も敏感に察知します。合わせなくても授業はできますし、若い人たちに伝えることはできると自負しています。

それよりも自分自身が刺激される。好奇心のアンテナが反応するのです。

つねに自分を外の世界に対して広げているということでしょうか？　閉じないと、好きなものが年々増えていきます。

◆**私のちょっと変わった「音楽の聴き方」**

私は好きな音楽があると集中して聴きます。アルバム1枚を、携帯プレーヤーに入れて一日中、何回も聴く。100回や200回聴くこともザラです。アルバム1枚どころか1曲を集中して聴くこともあります。ジムでバイクを漕ぎながら、1曲の無限繰り返し（1《ワン》トラックリピート）をやります。

というのは、曲が変わるとテンポが変わるでしょう。同じ曲をずっと流しているとテンポがつねに一定です。するとバイクを漕ぐのにちょうどいい。音楽に合わせていると1時間でも2時間でも漕いでいられます。2時間、AKB48の「ヘビーローテーション」1曲で漕ぎ続けたこともあります。ここまでくるとちょっと変人かもしれませんが。

新しい歌だけでなく、昔の歌も無限リピートします。子供の頃に聴いて耳に残っている曲は、やはりこの歳になってもいいんですね。森進一、ザ・ピーナッツ、藤圭子……みんな歌がうまくて個性が強い。2周目だからわかる渋さや良さがあるんです。

森進一の「さらば友よ」が好きでリピートする。だけど藤圭子が歌っている「さらば友よ」のカバーも捨てがたい。それを聴きながらバイクを漕ぐ。その一方で、最近の若い人たちが聴いている音楽も聴く。

まさに不易流行で、古くて変わらない良いものと、新しいものを自分の中で混在させるのです。そうすることで感情や感性が生き生きと動き始める感じがします。

おそらく音楽を聴くときに、何もしないで聴くだけという人は少ないのではないでしょうか？　仕事をしながら、あるいは家事をしながら、本を読みながら音楽を聴きます。

私は仕事をするときにかける曲というのがいくつかあります。

文章を書くのは好きなのですが、それでも仕事となるとなかなか着手できないことがあります。そんな時にかける曲がテレビ番組の「必殺！」シリーズの音楽です。『必殺！ザ・ベスト』というCDがあります。これは悪人を退治しに行くときにかかる曲ですが、同シリーズのその場面の曲を集めたもの。だから盛り上がり方がすごいのです。テンションがグングンと上がってくる。その勢いで「エイヤッ！」と仕事を始めるのです。

◆無料コンテンツを使わない

2周目の心がけとして大事なことは、お金を世の中にできるだけ回すこと。金銭的に若い頃よりは多少であれ余裕があるはずです。自分の趣味などを楽しみながら、それによって多少なりとも社会にお金を還元することを考えるのが2周目の役割だと思います。

今は無料でさまざまなコンテンツを楽しめる時代ですが、若い時ならいざ知らず、ある程度の歳になったら、無料コンテンツではなくCDや本を買ったりして、できるだけ世間にお金を回すことを考えるべきだと思います。

少なくともこの歳になるまで生きてきたということは、それだけいろいろな人のお世話になってきたわけです。その有形無形の恩にお返しする。また音楽や著作を作る者に対するリスペクトを忘れてはいけません。どんなものであってもゼロから何かを作り上げるということは、大変な労力、時間、お金がかかります。

私自身、原稿を書くのが仕事の一つですから、作る側の大変さもわかります。人生の2周目に入ったら、自分の喜びや満足を追求するだけでなく、もう少し大きな視点で社会や若い人たちのサポートに回る。文化貢献を考える。

お金を出す、身銭を切る良さは、じつは直接的に自分にも利益があります。お金を払うことでより本気になる。お金を払ったのだからちゃんと吸収しようという気になる。

これがタダだとありがたみが薄いので、どうしても真剣味に欠けるきらいがあります。

たとえばあるアルバムをお金を出して買ったら、やはりもったいないので全曲を聴くでしょう。すると目当ての曲以外で思いがけず良い曲に出会ったりします。これが無料コンテンツだと、最初から目当ての曲だけピックアップするでしょう。あるいはアルバム全体をタダでダウンロードできたとしても、やはり目当ての曲だけを聴いて終わりということになりがちです。すると思いがけない出会いが生まれづらい。

一般には知られていないけれど、じつはこんな素敵なマイナーソングがある。もしかしたらいま日本でこの曲を聴き、ハマっているのは自分だけかも？　と、特別意識、ちょっとした優越感に浸れる。何より満足感、納得感が得られます。それもこれも、お金を払ってしっかりとコンテンツに向き合っているからこそなのです。

◆不易流行——新旧を楽しむ

2周目からこそ人生を2倍3倍と楽しめる。昔のものの良さがわかるし、また今の時代のおもしろさも、昔を知っているからこそ比較して楽しめる。

まさに不易流行で、古いものと新しいもの、その二つの価値を楽しめるのが人生2周目に入った私たちの特権でもあります。

平安時代末期から鎌倉時代初期にかけて活躍した歌人・西行の詠んだ歌に、

年たけてまた越ゆべしと思ひきや命なりけり小夜《さや》の中山

というのがあります。

中山とは、当時京都から関東へ行くのに3つの難所があると言われたうちのひとつ。若い頃に彼は中山を越えたのですが、その時、まさか晩年になってからまた越えるとはつゆほども考えなかった。それがこうして越えることができるとはという、じつに感慨深く感動的な歌です。

西行は2周目どころか3周目くらいで、思いがけず中山峠を越えたわけです。1周目で見た景色を、再びこうして何十年も後に見ることの喜び。当然ですが1周目よりも2周目の方が感慨深い。

歳を重ねるというのは普通、プラスのイメージがありません。しかし人生の喜び、その深さと味わいは歳を重ねたからこそわかる。西行の歌は人生の2周目、3周目でしか味わえない感慨、感動があることを教えてくれます。

2周目の西行的感覚と言ってもいいでしょうか？　ちなみに芭蕉は西行を師と仰ぎ、その生き方や考え方に影響されました。若くして出家した西行は奥羽地方に漂泊の旅に出ます。彼に私淑していた芭蕉は晩年になって東北地方を旅し、実際に西行の足跡を追いながら『奥の細道』を完成させます。

普通なら「命なりけり」という詠嘆の言葉で歌の最後を締めくくりそうなものです。そこを「命なりけり小夜の中山」と「小夜の中山」を後付けする心にくさ。

私たちも、西行にならって、2周目で懐かしの光景に出会うごとに、「命なりけり○○の○○」と詠じてみましょう。すると、目の前にある光景、目の前にいる人たち、目の前に起こった出来事がすべて「命なりけり」。

人生いろいろあったけど、今生きているからこうしてあなたと再び出会ったとか、今生きているからこんなにおいしいものが食べられたとか、人生の喜びをかみしめることができます。

人生、2周目だからこそ味わいがある。いまだに1周目の価値観、視点にとらわれてそこから離れることができないというのは残念なことです。

2周目こそ、人生の本当のおもしろさがあるのですから。

お勧めブックガイド⑦

『現代語訳　十牛図』

玄侑宗久　ＰＨＰ研究所

悟りにいたる十段階を牛を探し、手なずける十枚の絵で解説したのが「十牛図」。真の自己を発見し、悟りに至る段階が絵を通して理解できる。注目を集める禅僧である著者が禅を学ぶ人なら誰でも学ぶという十牛図を丁寧に解説する。

『ＣＤブック　声に出して読みたい方言』

齋藤 孝　草思社

方言には、その土地の風土が色濃く染み込んでいる。日本の近代以降の代表的な小説を方言で聴く。広島弁で『人間失格』、鹿児島弁で『坊っちゃん』、京都弁で『源氏物語』など、その土地の人の方言で収録。

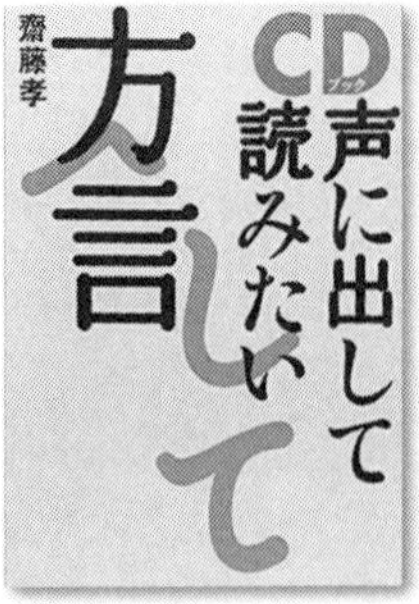

『万葉の秀歌』

中西 進　ちくま学芸文庫

令和の典拠となり再び注目を集めている万葉集。まさに日本人の心の原点である『万葉集』の研究の第一人者である著者が全４５００余首より２５２首をセレクト。巻一から二十までの歴史的背景や基礎知識も網羅した『万葉集』解説の決定版。

8章　学校教育を回収して「真善美」を追究する

◆本来の学ぶ楽しさが味わえる周回

前章で『万葉集』を学ぶ意義と効用に触れました。

最後に、改めて人生の2周目における学びの意義と効用について触れたいと思います。

結論から言えば、人生の2周目ほど学びにふさわしい時期はありません。

生涯学習という言葉がありますが、個人的には、50歳を過ぎてこそ本当の学びができると考えています。

というのも、若い頃の勉強はテストや入試があり、偏差値で順番が付けられます。ひとつの基準で優劣を付けて振り分けられる。本来の勉強というのはそのような優劣を競うためにやるものではありません。多くの人が勉強を嫌いになるのは当然です。

ところが50歳からの勉強は違います。誰かに強制されてやるのでもなければ、優劣を付け競争するためにやるわけでもない。本当に自分が興味があること、学びたいことを選択し、自分のペースで学ぶことができます。

学ぶ楽しさ、おもしろさを味わえるのが50歳を過ぎて、人生の2周目に入った人たちなのです。

しかも1周目で私たちは、嫌々ながらでもさまざまなことを1回学んでいます。それが

じつは大きい。どのような学問でも1回やっていると一種の既視感があるため、初めて学ぶのに比べてずっと吸収が速くなります。

その意味で、ぜひ2周目に学びたいのが古文と漢文です。すでに『万葉集』で触れましたが、古文漢文は人生の2周目だからこそ、その味わいがわかる教科です。

そもそも、ようやく10代半ばを過ぎたくらいの若者が、古文や漢文を読んでピンとくる方がおかしいでしょう。

古文や漢文は1周目では良さがわからない。20代や30代は、目の前にこなさなければならない仕事があるのに、古文などゆっくり学んでいる暇などありません。人生を一通り経験し、2周目に入ってある程度の余裕が出てきてからその良さ、味わいがわかる。

『万葉集』はもちろん、『源氏物語』『枕草子』『徒然草』をもう一度読んでみる。杜甫《とほ》や李白《りはく》の漢詩にもう一度触れてみる。

◆古文の読解力は自然に高まっている

高校の時の古文で何が嫌だったか？　最初に躓《つまず》くのが文法です。助詞だの助動詞だの、いきなり難解な文法が出てくると、もうそこで思考がストップ、拒絶反応が出てしまう。

ただし安心してください。

2周目の古文は、文法などを本格的に学ぶ必要はありません。そんな細かいことを言わなくても、現代語訳から読めばいいのです。現代語訳と原文が併記されているテキストがいくらでもあります。

文法にとらわれず肩の力を抜いて読めば、それだけで日本の古典文学は十分おもしろいことに気づくはずです。

おもしろいのは、年齢を経ることで不思議と、古文の読解力は高くなるということです。大学の授業で学生に『徒然草』を来週までに読んで、気に入ったエピソードを発表してくださいと課題を出しました。1週間で通読はきついかなと思っていたら、次の週には全員が読み通してきました。高校生にいきなり1冊読めと言っても無理でしょう。ところが年齢を経て大学生になると、もう読み通す力が備わっている。

歳を重ねるというのは、それだけでも自然に力がついているものなのです。古文といっても結局は日本語であることに変わりない。私たちは日本人ですから、日々生活しているだけでも日本語力は自然に蓄積していく。だから若い頃より歳を重ねた方が古文に親しみやすいのです。

◆徒然草は現代のブログに近い

ですから、細かい文法にとらわれるのではなく、現代語訳から入って気に入った原文をところどころ音読する。そうやって読めば『徒然草』がいかにおもしろいかがすぐに実感できるはずです。

2周目に入って人生の機微を多少なりとも体験しているから、兼好法師の言っていることが、なるほどと腑《ふ》に落ちる。高校時代は、どんなに優秀な生徒にも2周目の「腑に落ちる感」はありません。

50代から古文を学ぶなら『徒然草』をまずお勧めします。

随筆で短文で構成されているから読みやすい。日ごろの人間関係や、日常習慣、恋愛まで、日常のちょっとしたことに対して兼好が感じたこと、考えたことが記されています。

ちょっとブログだとかフェイスブックやツイッター、インスタグラムに通じる軽さもあります。それでいて視点が鋭く、奥が深い。人生訓としても読めるし、ものの考え方や感じ方の参考になる。昔の人も今の人も、同じようなことで悩んだり迷ったりしていたんだなという親近感も湧きます。

そこから『万葉集』などの和歌を学んでもいいし、『源氏物語』や『枕草子』へと広げていってもいい。いずれにしても、古文、古典を学ぶことで日本人の美的な感性を再認識することができます。

◆欲望を追求する1周目から2周目は「真善美」へ

1周目が、仕事を通じて給与などの収入を確保する経済力、すなわち「欲望を追求する時代」「責任を全うする時代」だとしたら、2周目は「真善美を追求する時代」だと言っていいかもしれません。

「真」は学問の領域で、自然はどうなっているか、宇宙はどうなっているかなどについて真理を追究すること。

「善」は哲学や宗教の領域で、正しい生き方とはどういう生き方か？　人間としてどう生きるか？　など生き方を追究すること。

「美」とは芸術の領域で、美しさとは何かを追究すること。

子供を育て家族を養うために、どうしてもお金を稼がなければならないのが1周目だとしたら、2周目はそこから離れて、ようやく「真善美」に向き合える時代だということができます。

もちろん生活していかなければいけないので、最低限の収入、お金は必要になります。政府が老後資金として年金の他に2千万円必要だと試算して物議をかもしました。お金のことを考えずに生活することはできないのが現実です。それでも家を購入し子供を教育して育てるという大任から解放されるのが2周目でもあります。

夫婦で生活するだけなら、トントンで生活できればいい。そう割り切れば時間的にも精神的にも少しは余裕ができるはずです。

2周目こそ、アリストテレスが言うところの真の幸福の追究、「真善美」の追究にシフトする。

アリストテレスは、人生の究極の目的は幸福になることだと言います。お金を稼ぐのも、勉強するのも、名声を望むのも、その根底には「幸福になりたい」という願望＝目的があります。

幸福になるのに必要なのは何か？　アリストテレスは「最高善」であると考えます。善なるものの最高のものが最高善ですが、善を追究することで必然的に知性や美的な感性も磨かれるとアリストテレスは言います。

せっかく人間として生を受けたのですから、人間としての幸福を追究しなければ意味がありません。

その結論が1周目の目的であったお金、経済原理と競争原理だけではあまりにも淋しく虚しい。

2周目も同じ原理、目的だけで生きるのはばかげています。2周目はもっと深い世界、真善美を考え、それを追究する生き方を目指したい。歴史や文化、芸術や学問といった真善美の世界に触れることをお勧めします。

◆学校の科目はすべて真善美を追究するものだった

真善美を追究しているのが、じつは学校の教科そのものなのです。しかし残念ながらそれが中高生時代、魅力的であったとは必ずしも言えません。

本当の学問の目的である真善美の追究は、そんな社会システムに距離を置くことができる2周目から可能になる。

あらためて中学、高校の教科書を開いてみましょう。1周目では感じることができなかった発見、喜びがあるはずです。

たとえば現代国語の教科書や副読本には、日本の近代以降の主要な文学作品が網羅されています。あらためて夏目漱石の『こころ』を読んでみましょう。芥川龍之介の『蜘蛛の糸』『羅生門《らしょうもん》』を読んでみる。

中島敦『山月記』は中国の唐の時代、科挙試験に合格するくらい優秀だった主人公が、その自尊心の高さゆえに社会となじめず、妻子を捨てて山にこもるうちに虎になってしまうという話です。

自尊心の高さゆえに現実社会とまみえるのを怖れるというのは、いつの時代でもある普遍的なテーマです。山にこもっているうちにやがて虎になってしまうというのは、現代日本の引きこもりにも通じていて示唆的です。

教科書に載っていた作品に感銘を受け、中島敦の『李陵《りりょう》』『弟子』を読んでみる。そうやって広げていくきっかけになるのが教科書の効用なのです。

◆考え方、概念を知ることで世界が広がる

文系だけでなく理系の教科に関しても、2周目で再び勉強し直すと新しい発見、おもしろさがあります。そもそも数学にしても科学にしても、その理論や公式が発見された当時

は世の中の最先端の理論であり、ノーベル賞級の価値のものです。

それが集められたのが中学や高校の教科書ですから、そう考えただけでもすごいことです。人類史上の超天才たちの頭脳の結晶を私たちは学んでいたのですから。

ニュートンが発見した微分積分は、文系の人たちにとってはちょっと厄介なものだったかもしれません。

しかし2周目はテストがないから自由に気楽に構えて学べます。すると微分というのは変化率のことだったのだとわかる。

ものの運動の変化を時間を細かくして、その時々の動き、変化を見るのが微分だった。数式だけを見ると何だか無機的でとっつきにくかったけれど、理屈を知ればなるほどとなる。考え方、概念がわかるだけでも、単純にうれしくなります。

とくに当時数学が苦手だった人は最初から拒絶状態で、そもそも何だったのかがわからない。2周目で再び学び直すことで理解することができる。概念が広がるだけで世界が広がります。

初心者向けのわかりやすい解説本が巷《ちまた》にたくさん出ていますから、そういうものを買って読むのもお勧めです。

「ニュートンってやっぱりすごい人だな。万有引力を発見しただけじゃなくて、自分の研究のツールとして必要だからということで、ものの変化率、微分積分の考え方まで作り出しちゃうなんて一体どういう頭の良さなんだ、こんなすごい人が編み出した知恵の結晶を我々は学んでいたのか！」と思える。

同じようにアインシュタインの相対性理論もなんだかよくわからなかった。でも改めて解説本を読んでみると、ニュートンの時代までは絶対視されていた時間の流れも、速度によって相対化されるのだという考え方の違いがわかるようになる。

$E = mc^2$ という有名な公式があります。

エネルギー（E）は質量（m）に光速（c）の2乗の数字を掛けたものだとわかる。エネルギーが質量であるという等式に驚く。しかも、光速の2乗を掛けているからとてつもない数です。すると質量がたとえ小さくても、膨大なエネルギーを持っているということがわかります。そこから核分裂や核融合などから生み出されるエネルギーが莫大だということが理解できるようになる。

真理に近づいて、すごいなと驚くことができるのは人間だけです。それによってホモ・サピエンスとしての喜びに浸ることができる。

◆科学の読み物を読むことで視野が広がる

ホモ・サピエンスという言葉が出てきたので、ついでにお話しすると、「人類史」を学ぶのもお勧めです。人類の誕生から現在までの足跡をたどる。

ユヴァル・ノア・ハラリ著の**『サピエンス全史』**（河出書房新社）が売れています。少し前に**『銃・病原菌・鉄』**（ジャレド・ダイアモンド著　草思社）が流行りましたが、その流れでしょう。

ホモ・サピエンスの歴史をとらえ、俯瞰して現在までの流れを見ることで自然科学、社会科学、人文科学といった知全体を総体的にとらえることができる。広い視点と視野を持つことができるという点で、この種のジャンルの読み物は大変な知的刺激を与えてくれます。

コロンビア大学教授のジョーゼフ・キャンベルの**『神話の力』**（ハヤカワ・ノンフィクション文庫）は、全世界の神話の構造を分析することでその共通項などを探り、現代社会のさまざまな出来事をそれによって分析しています。

人類史や文化人類学などのジャンルの解説本は、世界と人間の新たな見方、視点や切り口を与えてくれます。理系のジャンルでいうとサイモン・シンの**『フェルマーの最終定理』****『暗号解読』****『宇宙創成』**などは、文系の人でも十分に楽しめる科学読み物としてぜひ一読をお勧めします。

これらのいわゆる科学通俗本と呼ばれる分野は、じつは非常に充実していて、興味深い作家がたくさんいます。日本の作家であれば竹内薫さんの**『ゼロから学ぶ物理の1、2、3』『ゼロから学ぶ量子力学』**は初心者には最適な入門書だと言えるでしょう。

高校時代に物理を取らなかった人、取っていてもほとんど理解できなかったという人はぜひ2周目で学び直してみるとおもしろいと思います。

ちなみに物理などは、私たちが学生だった1970年代は、おそらく普通高校の9割の人が履修していました。ところがいまや1割台だそうです。受験科目の選択の影響だと思いますが、それにしても少なすぎると思いませんか?

たしかに物理はとっつきにくいイメージがあるかもしれません。たくさん公式を覚えなければならず、面倒に思えます。でもわからないなりに物理を学ぶことで、力の積や分解、運動方程式の中で加速度運動や等速直線運動など、さまざまな概念をおぼろげながらでも知ることができました。

計算はできなくてもものの考え方、概念はわかる。それが世界観を広げ視野を広げてくれるというのが大きいのです。今の若い人たちの1割しか物理を学んでいないというのは、ちょっと寒々しい感じがします。

◆「命なりけり」2周目の英語

英語教育に関しては、日本人は勉強時間をさいている割に話せないと批判されています。しかしまがりなりにも、母国語以外の言語を読めたり書けたりするというのはとても大きい。少なくとも英語に関して言えば、他の言語より日本人はなじみが深い。そこから2周目の英語の勉強を広げていくことができます。

たとえば好きな作家、ミステリー作家ならレイモンド・チャンドラーを原文で読んでみる。幸い翻訳で良いものがあります。

お勧めは村上春樹さんの訳。大変丁寧に翻訳しています。訳を読んで気に入った文章に印を付ける。同様に今度は英文で該当する文章にマーカーを引く。

英文をこんなに格好よく翻訳するのかと感心してしまいます。そうやって読んでいるうちに、すっかり英文が好きになりなじんできます。訳も格好いいけれど、英文もキレがあって格好いいなと感じられるようになる。

訳のうまさもわかるし、原文の英語の良さもわかるようになる。セリフの中にはジョークもあるし、シャレた決め台詞もある。「英語ってこういう表現をするのか！」。それが大きな発見になります。線を引いてそれがたくさんになると、それだけでも充足感、学んだ感がある。

その意味でもお勧めなのが原仙作《はらせんさく》の名著**『英文標準問題精講』**です。ラッセル、ニュートン、モームなど、人類最高の知性が書いた英文がこれでもかと網羅されている。

もうパラパラとめくっただけで興奮します。

受験勉強の時は苦痛だったけど、いま原仙作の本がこんなにおもしろいとは⁉　楽しみながら、自分のペースで学べるのが2周目の良さと言えます。授業で先生に突然指されて、どぎまぎして訳さなければならない怖さはありません。

英語ってこんなに楽しかったの？　おもしろかったの？　そう思える瞬間をこの歳で味わうとは。まさに「命なりけり2周目の英語」。それはとても幸福なことです。

◆年表や資料集、国語便覧など高校の副読本は知性の結晶

教科書もいいのですが、すごいのが高校の副読本です。たとえば社会科の地理なら地図帳、歴史なら年表や資料集。いずれにしてもその情報量たるやすさまじいものがあります。

とくに山川出版社の**『詳説 日本史』**、**『詳説 世界史』**は手元に1冊ぜひ置いておきたい。手に取ると昔と変わらない表紙と装丁。地味だけど懐かしい。開いてみると青春時代に必死で学んだあの当時が呼び覚まされます。

同じく山川出版社の**『山川 詳説世界史図録』**の内容の濃さには驚かされます。山川出版社に限らず、さまざまなところから資料集、図解などがたくさん出ています。いずれも「この情報量でこの値段？」と驚くはず。手元に置いてパラパラめくっているだけでも楽しい。

そういう点では国語便覧のような本もお勧めです。日本の文学の流れ、系譜がすべてわかる。百人一首がすべて載っているなど、資料や写真が豊富で読んでいて飽きません。

やはりその情報量の多さには驚かされます。これだけ丁寧にしっかり作っていて、定価はなんと1000円以下というのがほとんどです。どれだけのコストパフォーマンスなのか？　それを考えただけでも買う価値があるのが国語便覧です。

◆人生を完成させるために「2周目」が用意されている

同じように音楽なども学校教育のありがたみを感じます。五線譜の意味がわかり、いろんな記号が理解できる。書かれている音符がどんな音かがわかる。考えてみればそれ自体が「有り難い」ことです。

西洋の音楽が中心だとはいえ、ヨーロッパのクラシック音楽の主要な作家の作品を聴くことができる。なんてぜいたくなことなのかと思います。

考えれば考えるほど、中学や高校の教科は真善美を教えてくれるものでした。それに気づかず勉強が苦痛でしかなかったのは、知性をたんに能力評価の手段にしてしまっていたから。ただし、人生の1周目を乗り切るためにはそれも致し方ないことでしょう。

つまり、1周目で人生がわかったと考える方がおかしいのです。1周目には1周目の役割とテーマがあります。勉強して進学し、就職する。結婚して家庭を築く。子供を育てて成人させる。それは忙しく大変なことですが、それだけが人生の目的ではありません。すでにギリシャの遠い昔から、アリストテレスが言っていることでもあります。

だからこそ1周目で終わったと思うのは大間違い。1周目でし忘れたこと、置き忘れてきたものがじつはたくさんある。それを自分なりに問いかけながら追究することができるのが2周目なのです。

真善美を追究し、本当の人生の豊かさ、幸福の果実を得ることができる。2周目こそ、じつは人生の本番なのです。

お勧めブックガイド⑧

『新版 徒然草 現代語訳付き』

兼好法師 小川剛生ほか
角川ソフィア文庫

『枕草子』と並ぶ日本の随筆文学の最高峰。無常観を基底に中世の社会や習慣、日常のちょっとした出来事などに、兼好の鋭い観察眼、批評眼が光る。その感性と感覚は現代社会を読み解き、本質を見極めるのにも十分役立つ。

『サピエンス全史』（上・下）

ユヴァル・ノア・ハラリ
柴田裕之訳 河出書房新社

約20万年前、東アフリカに出現したホモ・サピエンス。厳しい環境の中でいかに我々の先祖は生き延びてきたのか？ 若きイスラエル人歴史学者、ユヴァル・ノア・ハラリが認知革命・農業革命・人類の統一という3つの重要な革命を軸に解き明かす。

『山川 詳説世界史図録（第2版）』

木村靖二ほか監修 山川出版社

同出版社から出ている『詳説世界史 改訂版』に沿って構成した図録。数多くの写真や図、資料を掲載し、世界史の流れを楽しみながら理解できる。世界史はグローバルな現代の世の中に合ったまさに再学習するべき科目。手元に置いておきたい一冊。

おわりに

私の友人で、ある上場企業の役員を務めていた人がいます。優秀で、欲のない人物でした。仕事はしっかりとこなすのですが、50歳を過ぎたら会社を辞め、もっとのんびりと好きな仕事をやろうと考えていたそうです。

ところがなんと社長に指名されてしまった。「社長って大変だろう?」と聞いたら、「大丈夫、いざとなったら責任とって辞めればいいから」と、じつに淡々としているのです。一部上場の大企業の社長なのに、肩の力が抜けている。

私が学生時代から見ていて思うのは、公明正大でフェアだということ。私利私欲にとらわれていたら公明正大でフェアになることは難しい。どこか無欲でひょうひょうと生きている。だからこそ白羽の矢が立ったのでしょう。

地位や名声は、ガツガツとしていると逃げていくものです。幸運も好きな異性も、追えば追うほど逃げていく。

人生2周目の良さは、私利私欲から少し距離を置くことができることだと思います。

人生の折り返しポイントを過ぎて、「死」というゴールが見えかかってくる。良い意味で先が見えてくることで、ガツガツしてもしょうがないという気持ちに自然になってきました。失うと怖いものがだんだん少なくなり、執着が少なくなってくる感じです。私を頼ってくれる存在は、いまや愛犬くらいでしょうか？

1周目で見えなかった景色が、2周目でだんだん見えてくるようになります。

ゲーテは、

「青春の愚かさや過ちを老年期に持ち込んではいけない」

と言います。「老年期には老年期の愚かさや過ちがあるのだから」と。こういう表現が、さすがゲーテです。

若い頃はがむしゃらに頑張ってきたけど、まだまだ見えていなかったなぁ。しかしその愚かさゆえに頑張れた。だから愚かさも意味があったと言えば、そうかもしれません。

さて、人生2周目。1周目の愚かさを少しは卒業したのか、むしろ肩の力が抜けて楽になった部分もあります。

私自身、2周目だからこそできること、やってみたいことがあります。それはたとえば方言のように、消えつつある大事な文化を守ること。あるいは若い人たちに若さの素晴らしさと愚かさも含めて、人生の楽しみ方、幸福への道を伝えること……。

大先輩、ゲーテ翁の言葉に従うなら、いよいよ私自身、「2周目の愚かさ」に突入していくのかもしれません。

本書が、2周目の人生だからこそできること、その可能性のヒントになれば幸いです。

この本が世に出るにあたっては、本間大樹さんと、青春出版社の村松基宏さんから大きなご助力を頂きました。ありがとうございました。

齋藤　孝

令和元年　八月

青春新書
INTELLIGENCE

こころ涌き立つ「知」の冒険

いまを生きる

"青春新書"は昭和三一年に──若い日に常にあなたの心の友として、その糧となり実になる多様な知恵が、生きる指標として勇気と力になり、すぐに役立つ──をモットーに創刊された。

そして昭和三八年、新しい時代の気運の中で、新書"プレイブックス"にその役目のバトンを渡した。「人生を自由自在に活動する《プレイ》」のキャッチコピーのもと──すべてのうっ積を吹きとばし、自由闊達な活動力を培養し、勇気と自信を生み出す最も楽しいシリーズ──となった。

いまや、私たちはバブル経済崩壊後の混沌とした価値観のただ中にいる。その価値観は常に未曾有の変貌を見せ、社会は少子高齢化し、地球規模の環境問題等は解決の兆しを見せない。私たちはあらゆる不安と懐疑に対峙している。

本シリーズ"青春新書インテリジェンス"はまさに、この時代の欲求によってプレイブックスから分化・刊行された。それは即ち、「心の中に自らの青春の輝きを失わない旺盛な知力、活力への欲求」に他ならない。応えるべきキャッチコピーは「こころ涌き立つ"知"の冒険」である。

予測のつかない時代にあって、一人ひとりの足元を照らし出すシリーズでありたいと願う。青春出版社は本年創業五〇周年を迎えた。これはひとえに長年に亘る多くの読者の熱いご支持の賜物である。社員一同深く感謝し、より一層世の中に希望と勇気の明るい光を放つ書籍を出版すべく、鋭意志すものである。

平成一七年

刊行者　小澤源太郎

著者紹介

齋藤　孝〈さいとう たかし〉

1960年静岡県生まれ。東京大学法学部卒業後、同大大学院教育学研究科博士課程等を経て、明治大学文学部教授。専門は教育学、身体論、コミュニケーション論。ベストセラー作家、文化人として多くのメディアに登場。著書多数。著書に『ネット断ち』（青春新書インテリジェンス）、『声に出して読みたい日本語』（草思社）、『語彙力こそが教養である』（KADOKAWA）等がある。著書発行部数は1000万部を超える。NHK Eテレ「にほんごであそぼ」総合指導を務める。

人生《じんせい》は「2周目《しゅうめ》」からがおもしろい　青春新書 INTELLIGENCE

2019年9月15日　第1刷
2019年12月5日　第5刷

著者　齋《さい》藤《とう》　孝《たかし》

発行者　小澤源太郎

責任編集　株式会社プライム涌光
電話　編集部　03(3203)2850

発行所　東京都新宿区若松町12番1号 〒162-0056　株式会社青春出版社
電話　営業部　03(3207)1916　振替番号　00190-7-98602

印刷・中央精版印刷　製本・ナショナル製本

ISBN978-4-413-04578-0